키 소등 국내 맞춤법

2권 VS편
헷갈리는 말
구분하기

맞춤법은
왜 공부해야 할까요?

'쓰기'가 중요한 시대입니다.
학교 시험에서도, 입시와 취업에서도
글쓰기는 필수적인 과정이 되어가고 있습니다.
하지만 내 생각이나 경험을 잘 표현할 수 있더라도,
기본적인 맞춤법을 지키지 못하면 어떨까요?
맞춤법이 틀린 글은 내용이 좋더라도
글의 전체적인 신뢰도와 완성도를 떨어뜨립니다.
맞춤법은 쓰기의 아주 기초적인 부분이기 때문입니다.

요즘에는 온라인에서 편의상 일부러 소리 나는 대로 글을 적거나,
줄임 말을 사용하는 빈도가 높습니다.
재미를 위해 일부러 이와 같은 표현을 사용할 수도 있지만,
무엇이 맞고 무엇이 틀린지 정확히 알고 사용하지 않으면
바른 글을 써야 할 때에도 틀린 표기를 사용하기 쉽습니다.

맞춤법은 글의 첫인상을 좌우합니다.
정확한 맞춤법으로 서술형 답안, 쓰기 과제,
다양한 글쓰기 활동 등에서 좋은 첫인상을 남기세요.
보다 정확한 글쓰기로 글의 신뢰도와 완성도를 높일 수 있습니다.

맞춤법을 정확히 알고 사용하는 것, 올바른 언어생활의 첫걸음입니다.

키 초등 국어 맞춤법으로
공부해야 하는 이유는 무엇일까요?

● 초등학생부터 어른까지 함께!

맞춤법은 흔히 초등 저학년 때 공부하고 난 뒤 따로 학습하지 않는
경우가 많습니다. 하지만 초등 저학년뿐 아니라 성인들도
자주 틀리는 것이 바로 맞춤법입니다.

이 책은 초등학생부터 부모님까지 함께 보며,
틀리기 쉬운 맞춤법을 쉽고 재미있게 익힐 수 있도록 구성되었습니다.

● 기억에 남는 퀴즈로 재미있게!

첫 단계부터 학습자가 직접 학습 활동에 참여하도록 구성하였습니다.
내가 맞춤법을 잘 알고 있는지 파악하기 위해 먼저 퀴즈를 푼 다음,
무엇이 맞고 틀린지 확인해 보면, 주입식으로 개념을 받아들이는 것보다
훨씬 기억에 남는 학습이 될 수 있습니다.
더불어 퀴즈에 도전하는 재미 또한 느낄 수 있습니다.

● 학습 단어는 이렇게 선정했어요!

맞춤법을 틀리기 쉬운 말들, 특히 국립국어원의 <온라인가나다>에서
사람들이 많이 찾아본 단어들을 바탕으로 선정하였습니다.

또한 초등학생이 교과서는 물론, 실생활에서도
많이 접할 수 있는 단어들을 선별하였습니다.

〈키 초등 국어 맞춤법〉, 이렇게 활용하세요!

❶ 간단한 퀴즈를 풀어요!
맞춤법 퀴즈를 풀어 보며,
내가 맞춤법을 제대로
알고 있는지 파악해요.

❷ 힌트를 확인해요!
답이 헷갈릴 때에는
힌트를 읽어 보면
정답을 유추할 수 있어요.

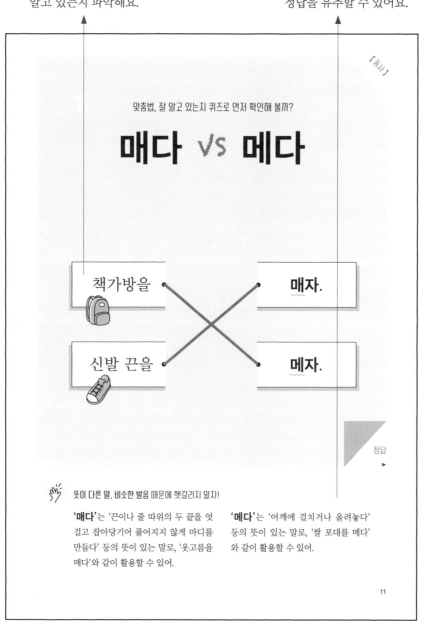

[동사]

맞춤법, 잘 알고 있는지 퀴즈로 먼저 확인해 볼까?

매다 vs 메다

| 책가방을 | | 매자. |
| 신발 끈을 | | 메자. |

정답 ▶

뜻이 다른 말, 비슷한 발음 때문에 헷갈리지 말자!

'매다'는 '끈이나 줄 따위의 두 끝을 엇 걸고 잡아당기어 풀어지지 않게 마디를 만들다' 등의 뜻이 있는 말로, '옷고름을 매다'와 같이 활용할 수 있어.

'메다'는 '어깨에 걸치거나 올려놓다' 등의 뜻이 있는 말로, '쌀 포대를 메다' 와 같이 활용할 수 있어.

11

＊❷, ❸의 힌트와 해설은 초등 고학년 수준으로, 저학년은 참고용으로 읽어 보거나 선생님의 도움을 받는 것이 좋아요.
＊학습 단어는 모두 품사에 따라 분류되었어요. ＊뜻풀이는 모두 〈표준국어대사전〉을 참고하였어요.

❸ 왜 정답인지 알아봐요!

답을 확인했으면,
해설을 읽으며 그것이 왜 정답인지
분명하게 파악해요.

❹ 문제로 확실하게 다져요!

간단한 문제도 풀고,
단어를 직접 바르게 써 보며
맞춤법을 익혀요.

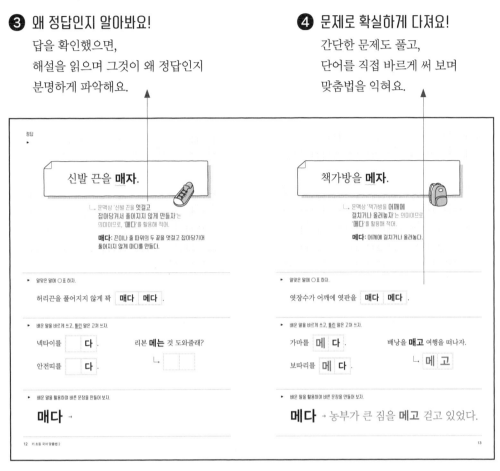

정답
▶

신발 끈을 **매자**.

└. 문맥상 '신발 끈을 엇걸고
잡아당겨서 풀어지지 않게 만들자'는
의미이므로, '매다'를 활용해 적어.

매다: 끈이나 줄 따위의 두 끝을 엇걸고 잡아당기어
풀어지지 않게 마디를 만들다.

▶ 알맞은 말에 ○표 하자.

허리끈을 풀어지지 않게 꽉 [**매다** 메다].

▶ 배운 말을 바르게 쓰고, 틀린 말은 고쳐 쓰자.

넥타이를 [   ] 다 .

리본 **매는** 것 도와줄래?
└. [   ]

안전띠를 [   ] 다 .

▶ 배운 말을 활용하여 바른 문장을 만들어 보자.

매다 →

12 키 초등 국어 맞춤법 2

책가방을 **메자**.

└. 문맥상 '책가방을 어깨에
걸치거나 올려놓자'는 의미이므로,
'메다'를 활용해 적어.

메다: 어깨에 걸치거나 올려놓다.

▶ 알맞은 말에 ○표 하자.

엿장수가 어깨에 엿판을 [매다 **메다**].

▶ 배운 말을 바르게 쓰고, 틀린 말은 고쳐 쓰자.

가마를 [메] 다 .

배낭을 **매고** 여행을 떠나자.
└. [메 고]

보따리를 [메] 다 .

▶ 배운 말을 활용하여 바른 문장을 만들어 보자.

메다 → 농부가 큰 짐을 **메고** 걷고 있었다.

13

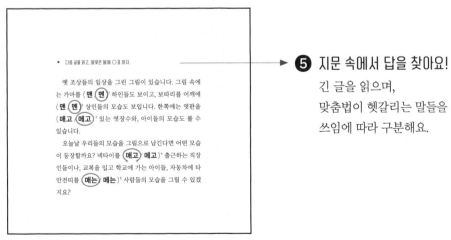

▶ 다음 글을 읽고, 알맞은 말에 ○표 하자.

옛 조상들의 일상을 그린 그림이 있습니다. 그림 속에
는 가마를 (**맨** 멘)¹ 하인들도 보이고, 보따리를 어깨에
(맨 **멘**)² 상인들의 모습도 보입니다. 한쪽에는 엿판을
(매고 **메고**)³ 있는 엿장수와, 아이들의 모습도 볼 수
있습니다.

오늘날 우리들의 모습을 그림으로 남긴다면 어떤 모습
이 등장할까요? 넥타이를 (**매고** 메고)⁴ 출근하는 직장
인들이나, 교복을 입고 학교에 가는 아이들, 자동차에 타
안전띠를 (**매는** 메는)⁵ 사람들의 모습을 그릴 수 있겠
지요?

❺ 지문 속에서 답을 찾아요!

긴 글을 읽으며,
맞춤법이 헷갈리는 말들을
쓰임에 따라 구분해요.

＊5개 단원을 끝낼 때마다 〈맞춤법 확인하기〉를 통해 내가 잘 기억하고 있는지 확인해요.
　혹시 문제를 틀렸다면, 틀린 단어가 있는 페이지로 돌아가 내용을 복습해요.

차례

1~20.
동사

21~40.
명사 / 부사 / 기타

2권에서는 맞춤법이 헷갈리는 두 단어를
서로 비교해서 배워요.
비슷해 보이는 단어들을 헷갈리지 않으려면,
본인이 더 기억하기 쉬운 한 가지를
확실하게 익혀서 나머지와 구별하는 것도
좋은 학습법이 된답니다!

이제 공부를 시작해 보자!

동사

: 사람이나 사물 등의
동작을 나타내는 품사

맞춤법, 잘 알고 있는지 퀴즈로 먼저 확인해 볼까?

매다 vs 메다

| 책가방을 • | | • 매자. |

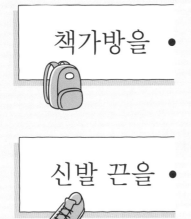

| 신발 끈을 • | | • 메자. |

정답
▶

 뜻이 다른 밀, 비슷한 발음 때문에 헷살리지 말자!

'**매다**'는 '끈이나 줄 따위의 두 끝을 엇걸고 잡아당기어 풀어지지 않게 마디를 만들다' 등의 뜻이 있는 말로, '옷고름을 매다'와 같이 활용할 수 있어.

'**메다**'는 '어깨에 걸치거나 올려놓다' 등의 뜻이 있는 말로, '쌀 포대를 메다'와 같이 활용할 수 있어.

신발 끈을 **매자.**

┗→ 문맥상 '신발 끈을 **엇걸고 잡아당겨서 풀어지지 않게 만들자**'는 의미이므로, '**매다**'를 활용해 적어.

매다: 끈이나 줄 따위의 두 끝을 엇걸고 잡아당기어 풀어지지 않게 마디를 만들다.

▶ 알맞은 말에 ○표 하자.

허리끈을 풀어지지 않게 꽉 | **매다** | **메다** |.

▶ 배운 말을 바르게 쓰고, 틀린 말은 고쳐 쓰자.

넥타이를 ☐ **다** .

안전띠를 ☐ **다** .

리본 **메는** 것 도와줄래?

┗→ ☐☐

▶ 배운 말을 활용하여 바른 문장을 만들어 보자.

매다 →

책가방을 메자.

└ 문맥상 '책가방을 **어깨에 걸치거나 올려놓자**'는 의미이므로, '**메다**'를 활용해 적어.

메다: 어깨에 걸치거나 올려놓다.

▶ 알맞은 말에 ○표 하자.

엿장수가 어깨에 엿판을   **매다**   **메다** .

▶ 배운 말을 바르게 쓰고, 틀린 말은 고쳐 쓰자.

가마를 [   ] **다** .

보따리를 [   ] **다** .

배낭을 **매고** 여행을 떠나자.

└ [   ][   ]

▶ 배운 말을 활용하여 바른 문장을 만들어 보자.

메다 →

▶ 다음 글을 읽고, 알맞은 말에 ○표 하자.

옛 조상들의 일상을 그린 그림이 있습니다. 그림 속에는 가마를 (맨 / 멘)[1] 하인들도 보이고, 보따리를 어깨에 (맨 / 멘)[2] 상인들의 모습도 보입니다. 한쪽에는 엿판을 (매고 / 메고)[3] 있는 엿장수와, 아이들의 모습도 볼 수 있습니다.

오늘날 우리들의 모습을 그림으로 남긴다면 어떤 모습이 등장할까요? 넥타이를 (매고 / 메고)[4] 출근하는 직장인들이나, 교복을 입고 학교에 가는 아이들, 자동차에 타 안전띠를 (매는 / 메는)[5] 사람들의 모습을 그릴 수 있겠지요?

정답은 책 맨 뒷장에

맞춤법, 잘 알고 있는지 퀴즈로 먼저 확인해 볼까?

부치다 vs 붙이다

택배를 •

• 부쳤어.

테이프로 •

• 붙였어.

정답 ▶

 뜻이 다른 말, 비슷한 발음 때문에 헷갈리지 말자!

'부치다'는 '편지나 물건 따위를 일정한 수단이나 방법을 써서 상대에게로 보내다' 등의 뜻이 있는 말로, '편지를 부치다'와 같이 활용할 수 있어.

'붙이다'는 '맞닿아 떨어지지 않게 하다' 등의 뜻이 있는 말로, '스티커를 붙이다'와 같이 활용할 수 있어.

15

▶

택배를 **부쳤어**.

└→ 문맥상 '택배를 **일정한 수단으로
상대에게 보냈다**'는 의미이므로,
'**부치다**'를 활용해 적어.

부치다: 편지나 물건 따위를 일정한 수단이나
방법을 써서 상대에게로 보내다.

▶ 알맞은 말에 ○표 하자.

숙소로 미리 짐을   **부치다**   **붙이다** .

▶ 배운 말을 바르게 쓰고, 틀린 말은 고쳐 쓰자.

소포를 [　][　] **다** .

엽서를 [　][　] **다** .

용돈 좀 **붙여** 주세요.

└→ [　][　]

▶ 배운 말을 활용하여 바른 문장을 만들어 보자.

부치다 →

테이프로 **붙였어**.

└ 문맥상 '테이프를 이용해 **맞닿아**
떨어지지 않게 했다'는 의미이므로,
'**붙이다**'를 활용해 적어.
'**붙이다**'는 '붙다(예: 쪽지가 붙다)'에서 나온 말이야.

붙이다: 맞닿아 떨어지지 않게 하다.

▶ 알맞은 말에 ○표 하자.

편지 봉투에 우표를 | **부치다** | **붙이다** |.

▶ 배운 말을 바르게 쓰고, 틀린 말은 고쳐 쓰자.

풀로 ☐☐ **다**.

벽에 ☐☐ **다**.

이름표를 **부쳐** 구분하자.

└ ☐☐

▶ 배운 말을 활용하여 바른 문장을 만들어 보자.

붙이다 →

▶ 다음 글을 읽고, 알맞은 말에 ○표 하자.

　　가족과 한 달 동안 여행을 가기로 했더니 짐이 무척 많았다. 우리는 숙소로 미리 짐을 (**부쳐** / **붙여**)[1] 놓고, 같은 방을 쓰는 동생과 물건이 헷갈리지 않도록 각자 이름표도 (**부쳐** / **붙여**)[2] 두었다.

　　첫날부터 나는 친구들에게 줄 선물을 잔뜩 샀다. 그 바람에 짐이 더 많아져서, 우체국에 들러 선물을 소포로 (**부쳐야** / **붙여야**)[3] 했다. 여행지 사진을 담은 엽서도 함께 (**부쳤는데** / **붙였는데**)[4], 봉투 겉면에는 멋진 우표를 (**부쳤다** / **붙였다**)[5]. 선물을 받은 친구들이 기뻐했으면 좋겠다.

정답은 책 맨 뒷장에

맞춤법, 잘 알고 있는지 퀴즈로 먼저 확인해 볼까?

바치다 vs 받치다

 무덤에 꽃을 •

• **바쳐라.**

 쟁반에 컵을 •

• **받쳐라.**

정답 ▶

 뜻이 다른 말, 비슷한 발음 때문에 헷갈리지 말자!

'바치다'는 '신이나 웃어른에게 정중하게 드리다' 등의 뜻이 있는 말로, '제물을 바치다'와 같이 활용할 수 있어.

'받치다'는 '물건의 밑이나 옆 따위에 다른 물체를 대다' 등의 뜻이 있는 말로, '나무에 사다리를 받치다'와 같이 활용할 수 있어.

19

정답

▶

무덤에 꽃을 **바쳐라**.

ㄴ→ 문맥상 무덤에 '꽃을 **정중하게
드리라**'는 의미이므로, '**바치다**'를 활용해 적어.

바치다: 1. 신이나 웃어른에게 정중하게 드리다.
2. 무엇을 위해 아낌없이 내놓거나 쓰다.
(예: 충성을 바치다.)

▶ 알맞은 말에 ◯표 하자.

백성들이 왕에게 공물을 | **바치다** | **받치다** |.

▶ 배운 말을 바르게 쓰고, 틀린 말은 고쳐 쓰자.

음식을 | | **치** | **다** |.

뇌물을 | | **치** | **다** |.

목숨을 **받쳐** 끝까지 싸우자.

ㄴ→ | | |

▶ 배운 말을 활용하여 바른 문장을 만들어 보자.

바치다 →

쟁반에 컵을 **받쳐라.**

└→ 문맥상 쟁반에 '컵을 **대라**'는
   의미이므로, '**받치다**'를 활용해 적어.

받치다: 물건의 밑이나 옆 따위에 다른 물체를 대다.

▶ 알맞은 말에 ○표 하자.

손바닥으로 턱을 | **바치다** | **받치다** | .

▶ 배운 말을 바르게 쓰고, <u>틀린</u> 말은 고쳐 쓰자.

발판을 [ ] **치** **다** .

지게를 [ ] **치** **다** .

지붕을 **바친** 대들보가 서 있다.

└→ [ ][ ]

▶ 배운 말을 활용하여 바른 문장을 만들어 보자.

받치다 →

▶ 다음 글을 읽고, 알맞은 말에 ◯표 하자.

 하영이는 손바닥으로 턱을 (**바치고 / 받치고**)[1] 앉아 열심히 책을 들여다본다. 책 속에는 옛 생활 모습을 그린 흥미로운 그림들이 많이 담겨 있었다.
 나무에 지게를 (**바치고 / 받치고**)[2] 쉬고 있는 나무꾼, 왕에게 (**바칠 / 받칠**)[3] 공물을 준비하는 마을 백성들, 전쟁터로 나가 목숨을 (**바쳐 / 받쳐**)[4] 싸우는 장군, 산신령에게 각종 음식을 (**바치고 / 받치고**)[5] 제사를 지내는 농민 등등……. 책 속에는 무척 다양한 조상들의 모습이 생생하게 나타나 있었다.

정답은 책 맨 뒷장에

맞춤법, 잘 알고 있는지 퀴즈로 먼저 확인해 볼까?

맞추다 vs 맞히다

문제를 • • **맞춰** 봐.

알람을 • • **맞혀** 봐.

정답
▶

 뜻이 다른 말, 잘못 쓰이는 경우를 구별하자!

'맞추다'는 '어떤 기준에 틀리거나 어긋나지 않게 조정하다' 등의 뜻이 있는 말로, '초점을 맞추다'와 같이 활용할 수 있어.

'맞히다'는 '문제에 대한 답을 틀리지 않게 하다' 등의 뜻이 있는 말로, '퀴즈의 답을 맞히다'와 같이 활용할 수 있어.

▶

알람을 **맞춰** 봐.

∟ 문맥상 '알람을 **어떤 기준에 맞게
조정해** 보라'는 의미이므로,
'**맞추다**'를 활용해 적어.

맞추다: 어떤 기준에 틀리거나 어긋나지 않게
조정하다.

▶ 알맞은 말에 ○표 하자.

시곗바늘을 8시 정각에 [**맞추다**   **맞히다**].

▶ 배운 말을 바르게 쓰고, 틀린 말은 고쳐 쓰자.

간을 [**맞**   **다**].

박자를 [**맞**   **다**].

시간에 **맞혀** 전화해 주세요.

∟ [   ]

▶ 배운 말을 활용하여 바른 문장을 만들어 보자.

맞추다 →

문제를 **맞혀** 봐.

└→ 문맥상 '문제의 **답을
틀리지 않게 해** 보라'는 의미이므로,
'**맞히다**'를 활용해 적어.
'**맞히다**'는 '맞다(예: 답이 맞다)'에서 나온 말이야.

맞히다: 문제에 대한 답을 틀리지 않게 하다.

▶ 알맞은 말에 ○표 하자.

어려운 수수께끼를 　**맞추다**　　**맞히다**　.

▶ 배운 말을 바르게 쓰고, 틀린 말은 고쳐 쓰자.

정답을 　**맞**　　　**다**　.　　　틀린 건 다시 **맞춰** 보자.

퀴즈를 　**맞**　　　**다**　.　　　　　└→ 　　　

▶ 배운 말을 활용하여 바른 문장을 만들어 보자.

맞히다 →

25

▶ 다음 글을 읽고, 알맞은 말에 ◯표 하자.

　　오늘은 월요일, 알람 시계의 시곗바늘을 8시 정각에 (**맞추고** / **맞히고**)[1] 일어나 부랴부랴 학교에 갔다. 음악 시간에는 박자에 (**맞춰** / **맞혀**)[2] 신나게 노래를 불렀는데, 재우가 오늘 국어 단원 평가가 있다는 것을 알려 주었다.

　　단원 평가 공부를 전혀 하지 못해서 정답은 많이 (**맞추지** / **맞히지**)[3] 못했다. (**맞춘** / **맞힌**)[4] 문제보다 틀린 문제가 더 많을 정도였다. 평소에 어려운 수수께끼는 아주 잘 (**맞추는데** / **맞히는데**)[5]……. 다음엔 단원 평가를 더 잘 볼 수 있도록 국어 공부를 열심히 할 것이다.

정답은 책 맨 뒷장에

맞춤법, 잘 알고 있는지 퀴즈로 먼저 확인해 볼까?

무치다 vs 묻히다

시금치를 	•	•	무치자.
떡에 고물을	•	•	묻히자.

정답 ▶

 뜻이 다른 말, 비슷한 빌음 때문에 헷살리시 발사!

'무치다'는 '나물 따위에 갖은양념을 넣고 골고루 뒤섞다'의 뜻이 있는 말로, '열무를 무치다'와 같이 활용할 수 있어.

'묻히다'는 '가루, 물 따위를 더 큰 다른 물체에 들러붙게 하거나 흔적을 남기다' 등의 뜻이 있는 말로, '화살에 독을 묻히다'와 같이 활용할 수 있어.

시금치를 **무치자**.

┗ 문맥상 '시금치에 **갖은양념을 넣고
골고루 뒤섞자**'는 의미이므로,
'**무치다**'를 활용해 적어.
이 경우 '시금치무침'과 같이 표현할 수 있어.

무치다: 나물 따위에 갖은양념을 넣고 골고루 뒤섞다.

▶ 알맞은 말에 ○표 하자.

두부를 으깨서 나물과 함께 | **무치다** | **묻히다** |.

▶ 배운 말을 바르게 쓰고, 틀린 말은 고쳐 쓰자.

가지를 [   ] [   ] **다** .

오이를 [   ] [   ] **다** .

봄나물을 **묻혀** 비빔밥을 만들다.

┗ [   ] [   ]

▶ 배운 말을 활용하여 바른 문장을 만들어 보자.

무치다 →

떡에 고물을 **묻히자**.

└, 문맥상 '떡에 고물을 **들러붙게 하자**'는
의미이므로, '**묻히다**'를 활용해 적어.
'**묻히다**'는 '묻다(예: 얼룩이 묻다)'에서 나온 말이야.

묻히다: 가루, 물 따위를 더 큰 다른 물체에
들러붙게 하거나 흔적을 남기다.

▶ 알맞은 말에 ○표 하자.

붓에 물감을 듬뿍 | **무치다** | **묻히다** |.

▶ 배운 말을 바르게 쓰고, 틀린 말은 고쳐 쓰자.

잉크를 [ ][ ] **다** .

먹물을 [ ][ ] **다** .

옷에 흙을 **무치지** 마라.

└, [ ][ ][ ]

▶ 배운 말을 활용하여 바른 문장을 만들어 보자.

묻히다 →

▶ 다음 글을 읽고, 알맞은 말에 ○표 하자.

　나는 요리사가 꿈이다. 그래서 오늘 텃밭에 난 봄나물을 맛있게 (**무쳐** / **묻혀**)[1] 비빔밥을 만들어 보았다. 나물을 캐서 깨끗이 씻은 다음, 비빔밥을 만들어 먹으니 아주 맛있었다. 비록 부모님께 옷에 흙을 (**무치지** / **묻히지**)[2] 말라고 잔소리는 들었지만, 가족들이 맛있게 먹는 것을 보니 마음이 뿌듯했다. 남은 나물로는 두부를 으깨서 함께 (**무친** / **묻힌**)[3] 반찬도 하나 만들었다.

　화가가 꿈인 우리 누나는 붓에 물감을 듬뿍 (**무쳐서** / **묻혀서**)[4], 요리를 하는 나의 모습을 멋지게 그려 주었다. 다음에는 누나가 좋아하는 오이(**무침** / **묻힘**)[5]도 만들어 주어야겠다.

정답은 책 맨 뒷장에

▶ 알맞은 말에 ○표 하자.

01

떡에 고물을
- 무치자
- 묻히자
.

02

시금치를
- 무치자
- 묻히자
.

03

신발 끈을
- 매자
- 메자
.

04

책가방을
- 매자
- 메자
.

05

택배를
- 부쳤어
- 붙였어
.

06

테이프로
- 부쳤어
- 붙였어
.

07

문제를
- 맞춰
- 맞혀
봐.

08

알람을
- 맞춰
- 맞혀
봐.

09

무덤에 꽃을
- 바쳐라
- 받쳐라
.

10

쟁반에 컵을
- 바쳐라
- 받쳐라
.

01　그때 그는 커다란 짐을 어깨에 **매고** 있었다.
　　　　→

02　붓에 파란색 페인트를 듬뿍 **무치세요**.
　　　　→

03　빵이 타지 않도록 타이머를 정확히 **맞혀야** 해.
　　　　→

04　내가 사다리를 **바쳐** 줄 테니 천천히 올라가 봐.
　　　　→

05　퀴즈를 낼 테니 네가 한번 **맞춰** 볼래?
　　　　→

06　승연이가 영국에서 우석이에게 엽서를 **붙였다**.
　　　　→

07　유관순 열사는 조국의 독립을 위해 목숨을 **받쳤다**.
　　　　→

08　풀어지지 않게 매듭을 꽉 **메야** 해.
　　　　→

09　오늘 저녁에는 콩나물을 **묻혀** 먹자.
　　　　→

10　민희가 스티커를 **부쳐서** 휴대폰 케이스를 꾸몄다.
　　　　→

맞춤법, 잘 알고 있는지 퀴즈로 먼저 확인해 볼까?

좇다 vs 쫓다

저 도둑을 •	• 좇아!

| 너의 꿈을 • | • 쫓아! |

정답 ▶

 뜻이 다른 말, 잘못 쓰이는 경우를 구별하자!

'**좇다**'는 '목표, 이상, 행복 따위를 추구하다' 등의 뜻이 있는 말로, '목표를 좇다'와 같이 활용할 수 있어.

'**쫓다**'는 '어떤 대상을 잡기 위해 뒤를 급히 따르다' 등의 뜻이 있는 말로, '나비를 쫓다'와 같이 활용할 수 있어.

너의 꿈을 **좇아**!

└▶ 문맥상 '너의 꿈을 **추구하라**'는
의미이므로, '**좇다**'를 활용해 적어.

좇다: 목표, 이상, 행복 따위를 추구하다.

▶ 알맞은 말에 ○표 하자.

자신의 신념을 묵묵히 [**좇다**] [**쫓다**].

▶ 배운 말을 바르게 쓰고, 틀린 말은 고쳐 쓰자.

안정을 [   ] **다** .

명예를 [   ] **다** .

이상을 **쫓아** 노력해라.

└▶ [   ][   ]

▶ 배운 말을 활용하여 바른 문장을 만들어 보자.

좇다 →

저 도둑을 **쫓아**!

└→ 문맥상 '저 도둑을 **잡기 위해**
뒤를 급히 따르라'는 의미이므로,
'**쫓다**'를 활용해 적어.

쫓다: 1. 어떤 대상을 잡기 위해 뒤를 급히 따르다.
2. 밀려드는 졸음이나 잡념을 물리치다.
(예: 잠을 쫓다.)

▶ 알맞은 말에 ○표 하자.

경찰이 뺑소니 차량을 │ **좇다** │ **쫓다** │.

▶ 배운 말을 바르게 쓰고, 틀린 말은 고쳐 쓰자.

범인을 │ │ **다** │.

졸음을 │ │ **다** │.

적군을 **좇아** 산을 넘었다.

└→ │ │ │ │

▶ 배운 말을 활용하여 바른 문장을 만들어 보자.

쫓다 →

35

▶ 다음 글을 읽고, 알맞은 말에 ○표 하자.

예지는 장래 희망을 적는 칸에 망설임 없이 '경찰'이라고 적었다. 몸이 약한 예지에게 이상을 (**좇지** / **쫓지**)[1] 말고 현실적으로 생각하라는 사람도 있었지만, 남이 뭐라든 예지는 자신의 신념을 (**좇을** / **쫓을**)[2] 것이다. 안정을 (**좇기보다** / **쫓기보다**)[3] 자신이 정말 하고 싶은 일을 해야 하지 않을까?

예지는 어릴 때 경찰 드라마를 보며 꿈을 키웠다. 드라마 속에서 범인을 (**좇아가** / **쫓아가**)[4] 체포하는 경찰관의 모습은 참 멋있었다. 예지는 오늘도 꿈을 이루기 위해 졸음을 (**좇으며** / **쫓으며**)[5] 열심히 공부 중이다.

정답은 책 맨 뒷장에

맞춤법, 잘 알고 있는지 퀴즈로 먼저 확인해 볼까?

띄다 vs 띠다

| 모자가 눈에 • | • 띄네. |
| 눈이 파란색을 • | • 띠네. |

정답 ▶

 뜻이 다른 말, 비슷한 발음 때문에 헷갈리지 말자!

'띄다'는 '눈에 보이다' 등의 뜻이 있는 말로, '오타가 눈에 띄다'와 같이 활용할 수 있어.

'띠다'는 '빛깔이나 색채를 가지다' 등의 뜻이 있는 말로, '노란색을 띠다'와 같이 활용할 수 있어.

정답

▶

모자가 눈에 **띄네**.

└▸ 문맥상 '모자가 **눈에 보인다**'는
  의미이므로, '**띄다**'를 활용해 적어.
  '**띄다**'는 '뜨이다'가 줄어든 말로,
  주로 '**눈에**'와 함께 써.

  띄다: 눈에 보이다.

▶ 알맞은 말에 ◯표 하자.

빨간색 지붕이 눈에 **띄다** **띠다** .

▶ 배운 말을 바르게 쓰고, <u>틀린</u> 말은 고쳐 쓰자.

감춰져 있던 보물이

눈에 [ ] **다** .

남의 눈에 **띠고** 싶지 않아.

└▸ [ ][ ]

▶ 배운 말을 활용하여 바른 문장을 만들어 보자.

띄다 →

눈이 파란색을 <u>띠네</u>.

↳ 문맥상 '눈이 파란 **빛깔이나 색채를 가졌다**'는 의미이므로, '**띠다**'를 활용해 적어.

띠다: 1. 빛깔이나 색채를 가지다.
2. 감정이나 기운 따위를 나타내다.
(예: 열기를 띠다.)

▶ 알맞은 말에 ○표 하자.

장미꽃이 분홍색을 [**띄다**   **띠다**].

▶ 배운 말을 바르게 쓰고, <u>틀린</u> 말은 고쳐 쓰자.

홍조를 [   ] **다** .

기쁜 빛을 [   ] **다** .

그는 미소 **띤** 얼굴로 걸었다.

↳ [   ]

▶ 배운 말을 활용하여 바른 문장을 만들어 보자.

띠다 →

▶ 다음 글을 읽고, 알맞은 말에 ○표 하자.

　농부 김 씨는 최근 멋진 전원주택 한 채를 마련했다. 새집을 꾸미려고 마을 주변을 둘러보니, 이웃집의 예쁜 빨간색 지붕이 눈에 (**띄었다** / **띠었다**)¹. 수줍은 성격의 김 씨는 남의 눈에 (**띄는** / **띠는**)² 것을 좋아하지 않아서 빨간 지붕은 포기했지만, 분홍색을 (**띈** / **띤**)³ 작은 장미꽃 화단만은 앞마당에 꼭 마련하기로 했다.

　공사는 어느 인테리어 업자에게 미리 문의를 해 두었는데, 곧 그가 연락을 해 올 것이다. 김 씨는 기쁜 빛을 (**띈** / **띤**)⁴ 얼굴로 입가에 미소를 한가득 (**띠고서** / **띠고서**)⁵, 천천히 새집의 앞마당을 둘러보았다.

정답은 책 맨 뒷장에

맞춤법, 잘 알고 있는지 퀴즈로 먼저 확인해 볼까?

조리다 vs 졸이다

국물을 조금 •

• 조렸어.

감자를 조금 •

• 졸였어.

정답 ▶

 뜻이 다른 말, 비슷한 발음 때문에 헷갈리지 말자!

'조리다'는 '양념을 한 고기나 생선, 채소 따위를 바짝 끓여서 양념이 배어들게 하다' 등의 뜻이 있는 말로, '생선을 조리다'와 같이 활용할 수 있어.

'졸이다'는 '찌개, 국 따위의 물을 증발시켜 적어지게 하다' 등의 뜻이 있는 말로, '김치찌개를 졸이다'와 같이 활용할 수 있어.

감자를 조금 **조렸어**.

↳ 문맥상 '감자를 **바짝 끓여서**
양념이 배어들게 했다'는 의미이므로,
'**조리다**'를 활용해 적어.
이 경우 '감자조림'과 같이 표현할 수 있어.

조리다: 양념을 한 고기나 생선, 채소 따위를
바짝 끓여서 양념이 배어들게 하다.

▶ 알맞은 말에 ○표 하자.

꽁치와 고추를 간장에 │ **조리다**   **졸이다** │ .

▶ 배운 말을 바르게 쓰고, 틀린 말은 고쳐 쓰자.

어묵을 □□ **다** .

고기를 □□ **다** .

생선 **졸이는** 냄새가 난다.

↳ □□□

▶ 배운 말을 활용하여 바른 문장을 만들어 보자.

조리다 →

국물을 조금 **졸였어**.

└→ 문맥상 '국물을 **증발시켜
적어지게 했다**'는 의미이므로,
'**졸이다**'를 활용해 적어.

졸이다: 1. 찌개, 국 따위의 물을 증발시켜 적어지게 하다.
2. 몹시 초조해하다. (예: 가슴을 졸이다.)

▶ 알맞은 말에 ○표 하자.

된장찌개를 바짝   **조리다**   **졸이다** .

▶ 배운 말을 바르게 쓰고, **틀린** 말은 고쳐 쓰자.

육수를 ☐☐ **다** .

마음을 ☐☐ **다** .

자작하게 **조린** 국물이다.

└→ ☐☐

▶ 배운 말을 활용하여 바른 문장을 만들어 보자.

졸이다 →

▶ 다음 글을 읽고, 알맞은 말에 ○표 하자.

  온 가족이 모여서 함께 저녁을 차려 먹기로 한 날, 부
엌에는 생선 (**조리는** / **졸이는**)[1] 냄새가 진동을 한다.
오늘의 주요 메뉴는 꽁치에 간장을 넣어 맛있게 (**조린** /
졸인)[2] 생선 요리이다. 국물 요리로는 짭짤하게 (**조린** /
졸인)[3] 된장찌개가 있다. 찌개 국물을 자작하게 (**조려
서** / **졸여서**)[4], 모두의 입맛대로 간을 맞춰 두었다. 곁
들여 먹을 반찬으로는 배추김치와 젓갈, 어묵(**조림** / **졸
임**)[5]을 준비했다.

  사랑하는 가족들과 맛있는 음식이 함께 있는, 아주 행
복한 저녁 식사가 될 것 같다.

정답은 책 맨 뒷장에

맞춤법, 잘 알고 있는지 퀴즈로 먼저 확인해 볼까?

다리다 vs 달이다

 셔츠를 •

• **다려야지.**

 보약을 •

• **달여야지.**

정답 ▶

 뜻이 다른 말, 비슷한 발음 때문에 헷갈리지 말자!

'다리다'는 '옷이나 천 따위의 주름이나 구김을 펴기 위해 다리미로 문지르다' 등의 뜻이 있는 말로, '옷을 다리다'와 같이 활용할 수 있어.

'달이다'는 '약재 따위에 물을 부어 우러나도록 끓이다' 등의 뜻이 있는 말로, '녹용을 달이다'와 같이 활용할 수 있어.

셔츠를 **다려야지**.

└→ 문맥상 '셔츠의 **주름을 펴기 위해
다리미로 문지르겠다**'는 의미이므로,
'**다리다**'를 활용해 적어.
'다리미' 또한 '다리다'에서 나온 말이야.

다리다: 옷이나 천 따위의 주름이나 구김을
펴기 위해 다리미로 문지르다.

▶ 알맞은 말에 ○표 하자.

꾸깃꾸깃해진 교복을 **다리다** **달이다** .

▶ 배운 말을 바르게 쓰고, **틀린** 말은 고쳐 쓰자.

바지를 ☐☐ **다** .

치마를 ☐☐ **다** .

옷을 **달인** 지 얼마 안 됐어.

└→ ☐☐

▶ 배운 말을 활용하여 바른 문장을 만들어 보자.

다리다 →

보약을 **달여야지**.

┗→ 문맥상 '약재에 **물을 부어**
보약이 **우러나도록 끓이겠다**'는
의미이므로, '**달이다**'를 활용해 적어.

달이다: 약재 따위에 물을 부어 우러나도록 끓이다.

▶ 알맞은 말에 ○표 하자.

홍삼을 정성껏   **다리다**   **달이다** .

▶ 배운 말을 바르게 쓰고, <u>틀린</u> 말은 고쳐 쓰자.

차를 ⬚⬚ **다** .

약초를 ⬚⬚ **다** .

버섯을 **다린** 물을 마셨다.

┗→ ⬚⬚

▶ 배운 말을 활용하여 바른 문장을 만들어 보자.

달이다 →

▶ 다음 글을 읽고, 알맞은 말에 ◯표 하자.

일요일이라 늦잠을 자던 은우는 문득 약초를 (**다리는** / **달이는**)[1] 것 같은 진한 냄새 때문에 눈을 떴다. 부엌으로 나가니 어머니께서 선물로 받은 홍삼을 정성껏 (**다리고** / **달이고**)[2] 계셨다.

이번엔 하품을 하며 거실로 가니, 아버지께서는 초대받은 결혼식에 참석할 때 입을 정장 바지를 (**다리고** / **달이고**)[3] 계셨다. 은우도 이 틈을 타 아버지께 꾸깃꾸깃해진 교복을 함께 (**다려** / **달여**)[4] 달라고 부탁드렸다. 그 대신에 은우는 아버지께 맛있는 차를 (**다려** / **달여**)[5] 드리기로 했다.

정답은 책 맨 뒷장에

맞춤법, 잘 알고 있는지 퀴즈로 먼저 확인해 볼까?

바라다 vs 바래다

사진의 빛이 •

• 바랐어.

네가 잘되길 •

• 바랬어.

정답 ▶

 뜻이 다른 말, 잘못 쓰이는 경우를 구별하자!

'**바라다**'는 '생각대로 어떤 일이나 상태가 이루어지거나 그렇게 되었으면 하고 생각하다' 등의 뜻이 있는 말로, '행운을 바라다'와 같이 활용할 수 있어.

'**바래다**'는 '볕이나 습기를 받아 색이 변하다' 등의 뜻이 있는 말로, '색깔이 바래다'와 같이 활용할 수 있어.

네가 잘되길 **바랐어**.

└→ 문맥상 '네가 **잘되었으면 하고
생각했다**'는 의미이므로,
'**바라다**'를 활용해 적어.

바라다: 생각대로 어떤 일이나 상태가 이루어지거나
그렇게 되었으면 하고 생각하다.

▶ 알맞은 말에 ○표 하자.

시험이 빨리 끝나기를 **바라다** **바래다** .

▶ 배운 말을 바르게 쓰고, 틀린 말은 고쳐 쓰자.

도움을 **바** ☐ **다** .

잘 지내길 **바래**.

└→ ☐ ☐

간절히 **바** ☐ **다** .

▶ 배운 말을 활용하여 바른 문장을 만들어 보자.

바라다 →

사진의 빛이 **바랬어**.

└→ 문맥상 '사진이 **볕이나 습기를 받아 색이 변했다**'는 의미이므로, '**바래다**'를 활용해 적어.

바래다: 볕이나 습기를 받아 색이 변하다.

▶ 알맞은 말에 ○표 하자.

종이가 누렇게   **바라다**   **바래다** .

▶ 배운 말을 바르게 쓰고, 틀린 말은 고쳐 쓰자.

햇볕에 **바**　**다** .

시간에 **바**　**다** .

색이 **바란** 벽지를 교체했다.

└→ 　

▶ 배운 말을 활용하여 바른 문장을 만들어 보자.

바래다 →

▶ 다음 글을 읽고, 알맞은 말에 〇표 하자.

재윤아, 잘 지내? 부디 잘 지내고 있길 (**바라** / **바래**)¹! 오늘 서랍을 정리하다가, 빛이 (**바란** / **바랜**)² 사진 한 장을 발견하고 너에게 연락했어. 몇 년 전 우리가 함께 놀이공원에 갔던 날 찍은 사진 말이야. 그때 너에게 받은 카드도 같이 봤는데, 종이는 시간에 누렇게 (**바랐지만** / **바랬지만**)³ 기억은 아주 생생했어.

재윤아, 시험이 끝나면 우리 또 함께 놀이공원에 가지 않을래? 나는 어서 빨리 시험이 전부 끝나기를 간절히 (**바라고** / **바래고**)⁴ 있어! 그때 꼭 같이 갈 수 있기를 (**바라** / **바래**)⁵.

정답은 책 맨 뒷장에

▶ 알맞은 말에 ◯표 하자.　　　　맞춤법 확인하기　　　　6 ~ 10

01	너의 꿈을	좇아 / 쫓아 !

02	저 도둑을	좇아 / 쫓아 !

03	눈이 파란색을	띄네 / 띠네 .

04	모자가 눈에	띄네 / 띠네 .

05	사진의 빛이	바랐어 / 바랬어 .

06	네가 잘되길	바랐어 / 바랬어 .

07	감자를 조금	조렸어 / 졸였어 .

08	국물을 조금	조렸어 / 졸였어 .

09	셔츠를	다려야지 / 달여야지 .

10	보약을	다려야지 / 달여야지 .

정답 189쪽　　　　　　　　　　　　　　　　　　　　53

01   네가 꼭 시험에 합격하길 **바래**.
→

02   가을이 되자 보랏빛을 **띤** 코스모스가 피었다.
→

03   몸이 좋지 않으니 한약을 **다려** 먹어야겠어.
→

04   스웨터가 햇볕을 받아 흐릿하게 색이 **바랐다**.
→

05   국물을 너무 오래 **조렸더니** 짜서 못 먹겠어.
→

06   그 사람은 돈과 권력만을 **쫓아** 살아왔어.
→

07   섣불리 눈에 **띠지** 않도록 행동을 조심해라.
→

08   생선을 먹고 싶은데 고등어를 **졸여** 먹을까?
→

09   준호가 졸음을 **좇으려고** 찬물을 마셨다.
→

10   **달이지** 않은 블라우스에 구김이 잔뜩 가 있다.
→

맞춤법, 잘 알고 있는지 퀴즈로 먼저 확인해 볼까?

묵다 vs 묶다

여기 리본을 •

• **묵을까?**

호텔에 며칠 •

• **묶을까?**

정답
▶

 뜻이 다른 말, 비슷한 발음 때문에 헷갈리지 말자!

'묵다'는 '일정한 곳에서 나그네로 머무르다' 등의 뜻이 있는 말로, '친구의 집에 묵다'와 같이 활용할 수 있어.

'묶다'는 '끈, 줄 따위를 매듭으로 만들다' 등의 뜻이 있는 말로, '신발 끈을 묶다'와 같이 활용할 수 있어.

호텔에 며칠 **묵을까?**

└→ 문맥상 '호텔에서 며칠
나그네로 머무르자'는 의미이므로,
'**묵다**'를 활용해 적어.

묵다: 일정한 곳에서 나그네로 머무르다.

▶ 알맞은 말에 ○표 하자.

전망이 좋은 객실에 **묵다** **묶다** .

▶ 배운 말을 바르게 쓰고, 틀린 말은 고쳐 쓰자.

숙소에 ☐ **다** .

절에서 ☐ **다** .

며칠 **묶을** 곳이 필요해.

└→

▶ 배운 말을 활용하여 바른 문장을 만들어 보자.

묵다 →

여기 리본을 **묶을까**?

∟ 문맥상 '여기에 **매듭으로** 리본을 **만들자**'는 의미이므로, '**묶다**'를 활용해 적어.

묶다: 끈, 줄 따위를 매듭으로 만들다.

▶ 알맞은 말에 ○표 하자.

노끈으로 이삿짐을 | **묶다** | **묶다** |.

▶ 배운 말을 바르게 쓰고, <u>틀린</u> 말은 고쳐 쓰자.

밧줄을 [   ] **다** .

이 매듭 **묶는** 법을 아니?

∟ [   ][   ]

머리 끈으로 [   ] **다** .

▶ 배운 말을 활용하여 바른 문장을 만들어 보자.

묶다 →

57

▶ 다음 글을 읽고, 알맞은 말에 ○표 하자.

　나는 어제 막 이사를 왔다. 하지만 이사 온 집에 수도 문제가 생기는 바람에, 급히 며칠 (**묵을** / **묶을**)[1] 곳이 필요했다. 노끈으로 이삿짐을 잘 (**묵어** / **묶어**)[2] 창고에 쌓아 둔 뒤, 나는 새집에서 멀지 않은 곳에 위치한 숙소에 (**묵기로** / **묶기로**)[3] 결정했다.

　처음엔 몹시 당황했지만, 전망 좋은 객실에서 하루를 (**묵고** / **묶고**)[4] 난 다음 예쁜 마을 풍경을 내려다보니 기분이 나아졌다. 나는 간밤 부스스해진 머리칼을 머리끈으로 잘 (**묵은** / **묶은**)[5] 다음, 산책을 하려고 길을 나섰다.

정답은 책 맨 뒷장에

맞춤법, 잘 알고 있는지 퀴즈로 먼저 확인해 볼까?

배다 vs 베다

양념이 잘 •   • 배었어.

산소의 풀을 •   • 베었어.

정답 ▶

 뜻이 다른 말, 비슷한 발음 때문에 헷갈리지 말자!

'**배다**'는 '스며들거나 스며 나오다' 등의 뜻이 있는 말로, '옷에 땀이 배다'와 같이 활용할 수 있어.

'**베다**'는 '날이 있는 연장 따위로 무엇을 끊거나 자르거나 가르다' 등의 뜻이 있는 말로, '보리를 베다'와 같이 활용할 수 있어.

정답

▶

양념이 잘 **배었어.**

└→ 문맥상 '양념이 잘 **스며들었다**'는
의미이므로, '**배다**'를 활용해 적어.

배다: 1. 스며들거나 스며 나오다.
2. 냄새가 스며들어 오래 남아 있다.
(예: 꽃향기가 배다.)

▶ 알맞은 말에 ○표 하자.

집 곳곳에 연기가 **배다** **베다** .

▶ 배운 말을 바르게 쓰고, <u>틀린</u> 말은 고쳐 쓰자.

물기가 [　] **다** .

냄새가 [　] **다** .

땀이 **벤** 손이 축축했다.

└→ [　]

▶ 배운 말을 활용하여 바른 문장을 만들어 보자.

배다 →

산소의 풀을 <u>베었어</u>.

└→ 문맥상 '날이 있는 연장 따위로
풀을 **잘랐다**'는 의미이므로,
'**베다**'를 활용해 적어.

베다: 날이 있는 연장 따위로 무엇을 끊거나
자르거나 가르다.

▶ 알맞은 말에 ◯표 하자.

농부가 낫으로 벼를 | **배다** | **베다** |.

▶ 배운 말을 바르게 쓰고, 틀린 말은 고쳐 쓰자.

나무를 [   ] **다** .

잡초를 [   ] **다** .

부부 싸움은 칼로 물 **배기**.

└→ [   ]

▶ 배운 말을 활용하여 바른 문장을 만들어 보자.

베다 →

▶ 다음 글을 읽고, 알맞은 말에 ○표 하자.

하마터면 집에 불이 날 뻔했다. 아버지께서 외출 전 가스 불을 끄는 것을 깜빡하셨기 때문이다. 다행히 마당에 잡초를 (**배러** / **베러**)[1] 나왔던 옆집 아주머니께서, 집에서 타는 냄새가 나는 것 같다고 연락을 해 주신 덕에 일을 수습할 수 있었다.

하지만 벌써 집 곳곳에 연기가 (**배고** / **베고**)[2], 카펫과 소파에도 냄새가 (**배어** / **베어**)[3] 쉽게 사라지지 않았다. 어머니께서는 몹시 화가 나신 것 같았다. 나는 손에 땀이 (**배는** / **베는**)[4] 것을 느꼈다. 옛말에 부부 싸움은 칼로 물 (**배기** / **베기**)[5]라지만, 이번엔 나도 조용히 눈치를 보아야 할 것 같다.

정답은 책 맨 뒷장에

맞춤법, 잘 알고 있는지 퀴즈로 먼저 확인해 볼까?

집다 vs 짚다

떨어진 동전을 •	• 집었어.

손으로 바닥을 •	• 짚었어.

정답 ▶

 뜻이 다른 말, 비슷한 발음 때문에 헷갈리지 말자!

'집다'는 '손가락이나 발가락으로 물건을 잡아서 들다' 등의 뜻이 있는 말로, '연필을 집다'와 같이 활용할 수 있어.

'짚다'는 '바닥이나 벽, 지팡이 따위에 몸을 의지하다' 등의 뜻이 있는 말로, '난간을 짚다'와 같이 활용할 수 있어.

떨어진 동전을 **집었어**.

└→ 문맥상 '떨어진 동전을 **손가락이나 발가락으로 잡아서 들었다**'는 의미이므로, '**집다**'를 활용해 적어.

집다: 1. 손가락이나 발가락으로 물건을 잡아서 들다.
2. 기구로 물건을 마주 잡아서 들다.
(예: 반찬을 집다.)

▶ 알맞은 말에 ○표 하자.

계곡 주변의 돌멩이를 | **집다** | **짚다** |.

▶ 배운 말을 바르게 쓰고, <u>틀린 말은 고쳐 쓰자.</u>

펜을 [   ] **다**.

저 반찬 좀 **짚어** 줄래?

└→ [   ]

집게로 [   ] **다**.

▶ 배운 말을 활용하여 바른 문장을 만들어 보자.

집다 →

손으로 바닥을 **짚었어**.

ㄴ▸ 문맥상 '손으로 **바닥에
몸을 의지했다**'는 의미이므로,
'**짚다**'를 활용해 적어.
'지팡이' 또한 '짚다'에서 나온 말이야.

짚다: 바닥이나 벽, 지팡이 따위에 몸을 의지하다.

▶ 알맞은 말에 ○표 하자.

노인이 지팡이를 | 집다 | 짚다 |.

▶ 배운 말을 바르게 쓰고, <u>틀린</u> 말은 고쳐 쓰자.

벽을 [   ] **다** .

땅을 [   ] **다** .

목발을 **집고** 다녀야 한다.

ㄴ▸ [   ][   ]

▶ 배운 말을 활용하여 바른 문장을 만들어 보자.

짚다 →

65

▶ 다음 글을 읽고, 알맞은 말에 ○표 하자.

　　현우는 최근 다리를 다쳤다. 계곡에서 신기하게 생긴 돌멩이를 (**집으려다가** / **짚으려다가**)[1] 그만 크게 넘어졌기 때문이다. 땅을 (**집고** / **짚고**)[2] 일어나 보려고 했지만, 너무 아파서 한 발자국을 떼기도 힘들었다.

　　결국 현우는 당분간 목발을 (**집지** / **짚지**)[3] 않으면 제대로 걸어 다닐 수 없게 되었다. 현우는 요즘 방에서 조금만 움직일 때에도 벽을 (**집고** / **짚고**)[4] 조심조심 걸어야 하고, 바닥에 떨어진 펜을 (**집을** / **짚을**)[5] 때에도 아주 천천히 허리를 숙여야 한다. 계곡에서는 더 조심했어야 한다는 생각이 들어, 현우는 무척 후회스러웠다.

정답은 책 맨 뒷장에

14. 맞춤법, 잘 알고 있는지 퀴즈로 먼저 확인해 볼까?

낫다 vs 낳다

제비가 알을 •	• 나았네.
감기가 빨리 •	• 낳았네.

정답 ▶

뜻이 다른 말, 잘못 쓰이는 경우를 구별하자!

'낫다'는 '병이나 상처 따위가 고쳐져 본래대로 되다' 등의 뜻이 있는 말로, '병이 낫다'와 같이 활용할 수 있어.

'낳다'는 '배 속의 아이, 알 등을 몸 밖으로 내놓다' 등의 뜻이 있는 말로, '아이를 낳다'와 같이 활용할 수 있어.

67

감기가 빨리 **나았네.**

ㄴ, 문맥상 '감기가 빨리 **고쳐져
본래대로 되었다**'는 의미이므로,
'**낫다**'를 활용해 적어.
'**낫다**'는 [낟ː따]로 발음하고, '나아', '나으니' 등으로 활용돼.

낫다: 병이나 상처 따위가 고쳐져 본래대로 되다.

▶ 알맞은 말에 ○표 하자.

병이 씻은 듯이 | **낫다** | **낳다** |

▶ 배운 말을 바르게 쓰고, <u>틀린</u> 말은 고쳐 쓰자.

상처가 [ ] **다**.

통증이 [ ] **다**.

몸이 얼른 **낳길** 바라.

ㄴ, [ ][ ]

▶ 배운 말을 활용하여 바른 문장을 만들어 보자.

낫다 →

제비가 알을 **낳았네.**

└▸ 문맥상 '제비가 **배 속의 알을**
몸 밖으로 내놓았다'는 의미이므로,
'**낳다**'를 활용해 적어.
'**낳다**'는 [나타]로 발음하고, '낳아', '낳으니' 등으로 활용돼.

낳다: 1. 배 속의 아이, 알 등을 몸 밖으로 내놓다.
2. 어떤 결과를 이루거나 가져오다. (예: 이익을 낳다.)

▸ 알맞은 말에 ○표 하자.

강아지가 새끼를 | **낫다** | **낳다** |.

▸ 배운 말을 바르게 쓰고, 틀린 말은 고쳐 쓰자.

아기를 [ ] **다** .

결과를 [ ] **다** .

이모는 딸을 **낫길** 바라셨다.

└▸ [ ][ ]

▸ 배운 말을 활용하여 바른 문장을 만들어 보자.

낳다 →

▶ 다음 글을 읽고, 알맞은 말에 ○표 하자.

　　혜지는 얼마 전 아기를 (**나으신** / **낳으신**)[1] 이모 댁을 방문했다. 이모는 예전부터 딸을 (**낫길** / **낳길**)[2] 바라셨는데, 정말 이모를 꼭 닮은 여자아이였다. 아기가 웃는 모습을 보니 혜지는 어제 다친 상처가 싹 (**낫는** / **낳는**)[3] 것 같은 기분이 들었다.

　　혜지네 강아지 초코도 얼마 전 새끼를 (**나았는데** / **낳았는데**)[4], 아직 몸이 완전히 회복되지 않아 혜지네 가족이 열심히 초코를 보살펴 주고 있다. 초코를 유독 예뻐하시던 이모는 얼른 초코도 몸이 (**낫길** / **낳길**)[5] 바란다고 말씀하셨다.

정답은 책 맨 뒷장에

맞춤법, 잘 알고 있는지 퀴즈로 먼저 확인해 볼까?

15.

해치다 vs 헤치다

개가 낙엽을 •   • 해친다.

편식은 건강을 •   • 헤친다.

정답 ▶

 뜻이 다른 말, 비슷한 발음 때문에 헷갈리지 말자!

'해치다'는 '어떤 상태에 손상을 입혀 망가지게 하다' 등의 뜻이 있는 말로, '질서를 해치다'와 같이 활용할 수 있어.

'헤치다'는 '모인 것을 제각기 흩어지게 하다' 등의 뜻이 있는 말로, '인파를 헤치다'와 같이 활용할 수 있어.

정답

▶

편식은 건강을 **해친다.**

└, 문맥상 '편식은 건강에 **손상을
입혀 망가지게 한다**'는 의미이므로,
'**해치다**'를 활용해 적어.
'**해치다**'에는 '해할 해[害]'자가 쓰였어.

해치다: 어떤 상태에 손상을 입혀 망가지게 하다.

▶ 알맞은 말에 ○표 하자.

쓰레기가 주변 환경을 | **해치다** | **헤치다** |

▶ 배운 말을 바르게 쓰고, 틀린 말은 고쳐 쓰자.

미관을 [ ] **치** **다** .

공익을 [ ] **치** **다** .

분위기를 **헤치지** 마라.

└, [   ]

▶ 배운 말을 활용하여 바른 문장을 만들어 보자.

해치다 →

개가 낙엽을 **헤친다**.

└ 문맥상 '개가 낙엽을 **제각기
흩어지게 한다**'는 의미이므로,
'**헤치다**'를 활용해 적어.

헤치다: 1. 모인 것을 제각기 흩어지게 하다.
2. 방해되는 것을 이겨 나가다.
(예: 어려움을 헤치다.)

▶ 알맞은 말에 ○표 하자.

거리의 사람들 속을 | **해치다** | **헤치다** | .

▶ 배운 말을 바르게 쓰고, 틀린 말은 고쳐 쓰자.

군중을 [   ] **치** **다** .

고난을 [   ] **치** **다** .

이 난관을 **해쳐** 나가자.

└ [   ]

▶ 배운 말을 활용하여 바른 문장을 만들어 보자.

헤치다 →

▶ 다음 글을 읽고, 알맞은 말에 ○표 하자.

계곡 입구에 큰 현수막이 붙었습니다. 아직 키가 작은 솔이는 사람들을 (**해치고** / **헤치고**)[1] 앞으로 나가 겨우 내용을 볼 수 있었습니다. '마을의 미관을 (**해치고** / **헤치고**)[2] 주변 환경을 (**해치는** / **헤치는**)[3] 계곡 쓰레기, 더 이상 두고 볼 수 없다!'

주민들은 모두 고개를 끄덕였습니다. 최근 관광객들이 버리고 간 쓰레기로 계곡이 엉망이 됐기 때문입니다. 주민들은 모두 힘을 합쳐 이 난관을 (**해쳐** / **헤쳐**)[4] 나가야 한다고 입을 모았습니다. 쓰레기 문제는 물론이고, 밤 늦게까지 소음이 들려와 마을의 분위기를 (**해친다며** / **헤친다며**)[5] 불평을 터뜨렸습니다.

정답은 책 맨 뒷장에

▶ 알맞은 말에 ○표 하자.　　　　**맞춤법 확인하기**　　　　

11 ~ 15

01 양념이 잘	배었어 / 베었어 .	02 산소의 풀을	배었어 / 베었어 .
03 개가 낙엽을	해친다 / 헤친다 .	04 편식은 건강을	해친다 / 헤친다 .
05 여기 리본을	묵을까 / 묶을까 ?	06 호텔에 며칠	묵을까 / 묶을까 ?
07 떨어진 동전을	집었어 / 짚었어 .	08 손으로 바닥을	집었어 / 짚었어 .
09 제비가 알을	나았네 / 낳았네 .	10 감기가 빨리	나았네 / 낳았네 .

01   네 앞에 있는 고기 한 점만 **짚어** 줄래?

→

02   힘을 합치면 이 어려움을 **해쳐** 나갈 수 있어.

→

03   없는 살림에 자식을 **낫고** 기르느라 고생을 많이 했다.

→

04   이 농기구는 잡초를 **배는** 데 사용돼.

→

05   제주도에서는 며칠 동안 **묶을** 계획인가요?

→

06   단것을 많이 먹으면 건강을 **헤치기** 쉽다.

→

07   소희가 물기가 **벤** 손을 탁탁 털었다.

→

08   오늘은 푹 쉬고 몸살도 얼른 **낳길** 바랄게.

→

09   끈으로 선물 상자 **묵는** 것 좀 도와줄 수 있어?

→

10   그가 난간을 **집고** 위태롭게 서 있었다.

→

16.

맞춤법, 잘 알고 있는지 퀴즈로 먼저 확인해 볼까?

늘리다 vs 늘이다

모집 인원을 •
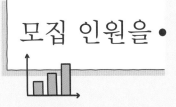

• **늘리자.**

바짓단을 •

• **늘이자.**

정답 ▶

 뜻이 다른 말, 살못 쓰이는 경우를 주멸아자!

'**늘리다**'는 '수나 분량 따위를 본디보다 더 많아지게 하다' 등의 뜻이 있는 말로, '학생 수를 늘리다'와 같이 활용할 수 있어.

'**늘이다**'는 '본디보다 더 길어지게 하다' 등의 뜻이 있는 말로, '고무줄을 늘이다'와 같이 활용할 수 있어.

정답

▶

모집 인원을 **늘리자**.

└▸ 문맥상 '모집 인원을 **본디보다**
더 많아지게 하자'는 의미이므로,
'**늘리다**'를 활용해 적어.

늘리다: 1. 수나 분량 따위를 본디보다 더 많아지게 하다.
　　　　　　2. 살림을 넉넉하게 하다. (예: 살림을 늘리다.)

▶ 알맞은 말에 ◯표 하자.

동아리의 회원 수를 　**늘리다**　　**늘이다**　.

▶ 배운 말을 바르게 쓰고, 틀린 말은 고쳐 쓰자.

시설을 　**늘**　　**다**　.

재산을 　**늘**　　**다**　.

평수를 **늘여** 이사했다.

└▸

▶ 배운 말을 활용하여 바른 문장을 만들어 보자.

늘리다 →

바짓단을 **늘이자**.

└→ 문맥상 '바짓단을 **더 길어지게 하자**'는
의미이므로, '**늘이다**'를 활용해 적어.

늘이다: 본디보다 더 길어지게 하다.

▶ 알맞은 말에 ◯표 하자.

요리사가 국수의 면발을 | **늘리다** | **늘이다** |.

▶ 배운 말을 바르게 쓰고, <u>틀린</u> 말은 고쳐 쓰자.

기장을 | **늘** | | **다** |.

밧줄을 | **늘** | | **다** |.

거미가 **늘려** 놓은 거미줄을 봐.

└→ | | |

▶ 배운 말을 활용하여 바른 문장을 만들어 보자.

늘이다 →

▶ 다음 글을 읽고, 알맞은 말에 ○표 하자.

박 할머니는 일평생 혼자 국숫집을 운영하며 재산을 (**늘리셨다** / **늘이셨다**)[1]. 많은 돈을 벌고도 늘 절약하며 사시던 할머니는, 최근 평수를 (**늘려** / **늘여**)[2] 새집으로 이사하셨다. 거미들이 길게 (**늘려** / **늘여**)[3] 놓은 거미줄도 없고, 녹슬어 삐걱대는 대문 소리도 없는 좋은 집으로.

할머니는 새집에 초대한 지인들에게 맛있는 국수를 대접하셨다. 할머니가 직접 손으로 길게 (**늘린** / **늘인**)[4] 면발은 늘 그렇듯 쫄깃하고 맛있었다. 할머니는 이제 남은 재산을 마을의 복지 시설을 (**늘리는** / **늘이는**)[5] 데 사용할 계획이라고 말씀하셨다.

정답은 책 맨 뒷장에

17.

맞춤법, 잘 알고 있는지 퀴즈로 먼저 확인해 볼까?

저리다 vs 절이다

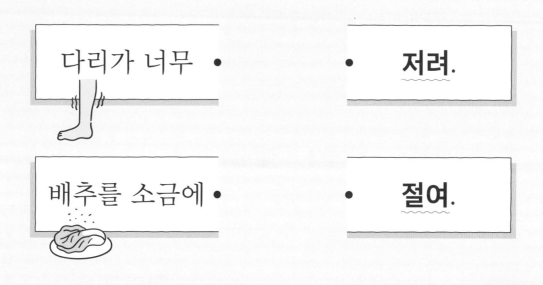

다리가 너무 •	• 저려.
배추를 소금에 •	• 절여.

정답 ▶

 뜻이 다른 말, 비슷한 발음 때문에 헷갈리지 말자!

'저리다'는 '뼈마디나 몸의 일부가 오래 눌려서 피가 잘 통하지 못하다' 등의 뜻이 있는 말로, '손발이 저리다'와 같이 활용할 수 있어.

'절이다'는 '푸성귀나 생선 따위를 소금기나 식초, 설탕 따위에 담가 간이 배어들게 하다'의 뜻이 있는 말로, '생선을 소금에 절이다'와 같이 활용할 수 있어.

▶

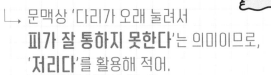

다리가 너무 **저려**.

└→ 문맥상 '다리가 오래 눌려서
피가 잘 통하지 못한다'는 의미이므로,
'**저리다**'를 활용해 적어.

저리다: 뼈마디나 몸의 일부가 오래 눌려서
피가 잘 통하지 못하다.

▶ 알맞은 말에 ○표 하자.

뼈의 마디마디가   **저리다**   **절이다** .

▶ 배운 말을 바르게 쓰고, **틀린** 말은 고쳐 쓰자.

팔이 [　][　] **다** .

손가락이 **절이고** 아파.
└→ [　][　][　]

목이 [　][　] **다** .

▶ 배운 말을 활용하여 바른 문장을 만들어 보자.

저리다 →

배추를 소금에 **절여**.

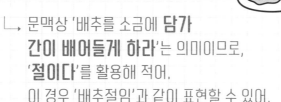

└→ 문맥상 '배추를 소금에 **담가
간이 배어들게 하라**'는 의미이므로,
'**절이다**'를 활용해 적어.
이 경우 '배추절임'과 같이 표현할 수 있어.

절이다: 푸성귀나 생선 따위를 소금기나 식초,
설탕 따위에 담가 간이 배어들게 하다.

▶ 알맞은 말에 ○표 하자.

갈치 한 마리를 소금에 　저리다　　절이다　.

▶ 배운 말을 바르게 쓰고, 틀린 말은 고쳐 쓰자.

오이를 [　][　] **다** .

식초에 [　][　] **다** .

설탕에 **저린** 딸기 좋아해?

└→ [　][　]

▶ 배운 말을 활용하여 바른 문장을 만들어 보자.

절이다 →

▶ 다음 글을 읽고, 알맞은 말에 ○표 하자.

오늘 드디어 벼르고 벼르던 과일(**저림** / **절임**)[1] 만들기에 도전했다. 병을 깨끗이 소독하고, 딸기는 잘 씻어 물기를 말렸다. 그다음으로는 딸기를 설탕에 (**저리는데** / **절이는데**)[2], 간이 잘 배어들고 나면 냄비에 넣어 보글보글 끓인다. 마지막으로 거품을 걷어 내고 딸기가 타지 않도록 냄비 속을 열심히 저어 주었다. 손가락이 조금 (**저리긴** / **절이긴**)[3] 했지만 꽤 재미있었다.

딸기(**저림** / **절임**)[4]은 팬케이크나 요거트 등과 함께 먹으면 무척 맛있다고 한다. 오래 냄비 속을 젓고 서 있었더니 팔이 (**저리고** / **절이고**)[5] 피곤했지만, 완성된 것을 보니 보람 있고 뿌듯했다.

정답은 책 맨 뒷장에

18. 맞춤법, 잘 알고 있는지 퀴즈로 먼저 확인해 볼까?

당기다 VS 땅기다

| 피부가 너무 • | • 당기네. |
| 요즘 피자가 • | • 땅기네. |

정답 ▶

 뜻이 다른 말, 잘못 쓰이는 경우를 구별하자!

'당기다'는 '좋아하는 마음이 일어나 저절로 끌리다' 등의 뜻이 있는 말로, '관심이 당기다'와 같이 활용할 수 있어.

'땅기다'는 '몹시 단단하고 팽팽하게 되다'의 뜻이 있는 말로, '수술한 곳이 땅기다'와 같이 활용할 수 있어.

정답

▶

요즘 피자가 **당기네.**

└ 문맥상 '요즘 피자를 **좋아하는 마음이 일어나 저절로 끌린다**'는 의미이므로, '**당기다**'를 활용해 적어.

당기다: 1. 좋아하는 마음이 일어나 저절로 끌리다.
2. 입맛이 돋우어지다. (예: 식욕이 당기다.)

▶ 알맞은 말에 ○표 하자.

저도 몰래 호기심이 　**당기다**　**땅기다**　.

▶ 배운 말을 바르게 쓰고, <u>틀린 말은 고쳐 쓰자.</u>

음식이 　 **기** **다** .

마음이 　 **기** **다** .

구미가 **땅기는** 제안이다.

└

▶ 배운 말을 활용하여 바른 문장을 만들어 보자.

당기다 →

피부가 너무 **땅기네**.

└→ 문맥상 '피부가 너무 **단단하고 팽팽하게 되었다**'는 의미이므로, '**땅기다**'를 활용해 적어.

땅기다: 몹시 단단하고 팽팽하게 되다.

▶ 알맞은 말에 ○표 하자.

수술한 자리가 무척 [**당기다**   **땅기다**].

▶ 배운 말을 바르게 쓰고, 틀린 말은 고쳐 쓰자.

얼굴이 ☐ **기** **다** .

상처가 ☐ **기** **다** .

종아리가 **당기고** 아파.

└→ ☐ ☐ ☐

▶ 배운 말을 활용하여 바른 문장을 만들어 보자.

땅기다 →

▶ 다음 글을 읽고, 알맞은 말에 ○표 하자.

준서는 추위를 많이 탄다. 피부도 쉽게 건조해져서, 겨울에 밖에 나가면 피부가 (**당기고** / **땅기고**)[1] 아프다. 그래서 오늘도 그냥 집에서 TV를 보고 있는데, 민규에게서 같이 놀러 나가자고 전화가 왔다. 내심 길거리 음식이 무척 (**당기던** / **땅기던**)[2] 터라, 준서는 선뜻 알겠다고 대답했다. 바깥에 나가니 찬바람 때문에 얼굴이 (**당겼지만** / **땅겼지만**)[3], 맛있는 것에 마음이 (**당기는** / **땅기는**)[4] 건 어쩔 수 없었다. 준서는 민규와 함께 각종 길거리 음식을 사 먹으며 신나게 밖을 돌아다녔다. 하루 종일 걸었더니 종아리가 (**당겼지만** / **땅겼지만**)[5], 그래도 재미있는 하루였다.

정답은 책 맨 뒷장에

맞춤법, 잘 알고 있는지 퀴즈로 먼저 확인해 볼까?

싸이다 vs 쌓이다

꽃이 종이에 •　　　　• **싸여** 있어.

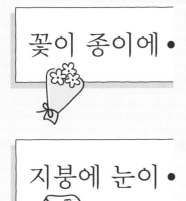

지붕에 눈이 •　　　　• **쌓여** 있어.

정답 ▶

 뜻이 다른 말, 비슷한 발음 때문에 헷갈리시 발사!

'**싸이다**'는 '물건이 보이지 않게 씌워져 가려지거나 둘려 말리다' 등의 뜻이 있는 말로, '그릇이 보자기에 싸이다'와 같이 활용할 수 있어.

'**쌓이다**'는 '여러 물건이 겹겹이 포개어 얹어 놓이다' 등의 뜻이 있는 말로, '나뭇잎이 쌓이다'와 같이 활용할 수 있어.

정답
▶

꽃이 종이에 **싸여** 있어.

└, 문맥상 '꽃이 종이에 **씌워져**
  둘려 말려 있다'는 의미이므로,
  '**싸이다**'를 활용해 적어.
  '**싸이다**'는 '싸다(예: 포장지로 싸다)'에서 나온 말이야.

싸이다: 1. 물건이 보이지 않게 씌워져 가려지거나 둘려 말리다.
　　　　　2. 어떤 분위기나 상황에 뒤덮이다. (예: 슬픔에 싸이다.)

▶ 알맞은 말에 ○표 하자.

마을이 축제 분위기에 　**싸이다**　**쌓이다**　.

▶ 배운 말을 바르게 쓰고, 틀린 말은 고쳐 쓰자.

신문에 　[　] **이** [　] **다** .

절망에 　[　] **이** [　] **다** .

포장지에 **쌓인** 물건은 뭐니?

└, [　][　]

▶ 배운 말을 활용하여 바른 문장을 만들어 보자.

싸이다 →

지붕에 눈이 **쌓여** 있어.

└, 문맥상 '지붕에 눈이 **겹겹이**
   포개어 얹어 놓여 있다'는 의미이므로,
   '**쌓이다**'를 활용해 적어.
   '**쌓이다**'는 '쌓다(예: 상자를 쌓다)'에서 나온 말이야.

쌓이다: 1. 여러 물건이 겹겹이 포개어 얹어 놓이다.
         2. 경험, 지식 등이 익혀져 많이 이루어지다.
         (예: 수양이 쌓이다.)

▶ 알맞은 말에 ○표 하자.

세탁기에 빨랫감이 가득 | **싸이다**　**쌓이다** |.

▶ 배운 말을 바르게 쓰고, 틀린 말은 고쳐 쓰자.

먼지가 | 　 | **이** | **다** |.

실력이 | 　 | **이** | **다** |.

그릇이 잔뜩 **싸였어**.

└, | 　 | 　 | 　 |

▶ 배운 말을 활용하여 바른 문장을 만들어 보자.

쌓이다 →

▶ 다음 글을 읽고, 알맞은 말에 ○표 하자.

　나은이네 남매는 요즘 둘이 함께 가장 재밌게 하고 있던 게임을 끝내고 환호성을 질렀다. 이제는 둘 다 꽤 실력이 (**싸여서** / **쌓여서**)[1], 마지막 판은 생각보다 수월하게 깰 수 있었다.

　하지만 축제 분위기에 (**싸였던** / **쌓였던**)[2] 것도 잠시, 둘은 곧 절망에 (**싸였다** / **쌓였다**)[3]. 책상 위엔 먼지가 가득 (**싸여** / **쌓여**)[4] 있고, 싱크대에는 설거지할 그릇도 잔뜩 (**싸여** / **쌓여**)[5] 있었다. 부모님께서 외출하신 동안 집안일을 해 놓기로 한 약속을 잊어버렸던 것이다. 시계를 보니 부모님이 돌아오실 시간이 벌써 다 되어 가고 있었다.

정답은 책 맨 뒷장에

맞춤법, 잘 알고 있는지 퀴즈로 먼저 확인해 볼까?

드러내다 vs 들어내다

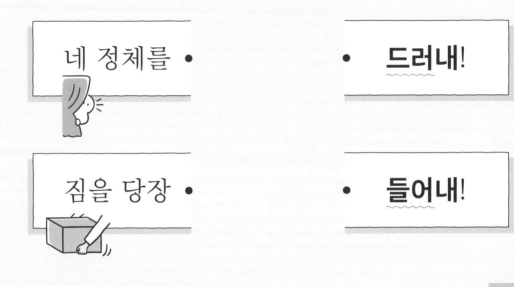

네 정체를 •   • 드러내!

짐을 당장 •   • 들어내!

정답 ▶

뜻이 다른 말, 비슷한 발음 때문에 헷갈리지 말자!

'드러내다'는 '알려지지 않은 사실을 보이거나 밝히다' 등의 뜻이 있는 말로, '본색을 드러내다'와 같이 활용할 수 있어.

'들어내다'는 '물건을 들어서 밖으로 옮기다' 등의 뜻이 있는 말로, '이삿짐을 들어내다'와 같이 활용할 수 있어.

정답

▶

네 정체를 **드러내**!

└→ 문맥상 '너의 **알려지지 않은**
정체를 밝히라'는 의미이므로,
'**드러내다**'를 활용해 적어.

드러내다: 알려지지 않은 사실을 보이거나 밝히다.

▶ 알맞은 말에 ◯표 하자.

진솔한 속마음을 | 드러내다 | 들어내다 |.

▶ 배운 말을 바르게 쓰고, **틀린** 말은 고쳐 쓰자.

강력한 의지를

| | | 내 | 다 |.

감정이 **들어난** 표현이다.

└→ | | | |

▶ 배운 말을 활용하여 바른 문장을 만들어 보자.

드러내다 →

짐을 당장 **들어내**!

└→ 문맥상 '짐을 당장 **들어서
밖으로 옮기라**'는 의미이므로,
'**들어내다**'를 활용해 적어.

들어내다: 물건을 들어서 밖으로 옮기다.

▶ 알맞은 말에 ◯표 하자.

창고에 쌓인 물건을 | 드러내다 | 들어내다 |.

▶ 배운 말을 바르게 쓰고, <u>틀린</u> 말은 고쳐 쓰자.

무거운 가구를   책상을 **드러내** 치우자.

| | | 내 | 다 |.   └→ | | | |

▶ 배운 말을 활용하여 바른 문장을 만들어 보자.

들어내다 →

▶ 다음 글을 읽고, 알맞은 말에 ○표 하자.

　　민호는 형과 함께 미뤄 두었던 창고 정리를 하기로 했다. 무거운 물건들을 (**드러내다** / **들어내다**)[1] 보니 얼마 안 가 땀이 송골송골 맺혔다. 힘들었지만 민호는 꼭 오늘 안에 정리를 끝내겠다며 강한 의지를 (**드러냈다** / **들어냈다**)[2]. 저녁때쯤 민호는 마침내 형과 힘을 합쳐 가구를 다 (**드러낸** / **들어낸**)[3] 뒤 정리를 마쳤다.

　　저녁을 먹으면서 민호와 형은 서로 표현하지 않던 감정도 (**드러내고** / **들어내고**)[4], 속마음을 (**드러낸** / **들어낸**)[5] 진솔한 대화도 나누었다. 민호는 오늘 형과 한층 더 가까워진 것 같은 기분이 들었다.

정답은 책 맨 뒷장에

▶ 알맞은 말에 ○표 하자. **맞춤법 확인하기** 16 ~ 20

01

다리가 너무
: 저려
: 절여
.

02

배추를 소금에
: 저려
: 절여
.

03

지붕에 눈이
: 싸여
: 쌓여
있어.

04

꽃이 종이에
: 싸여
: 쌓여
있어.

05

바짓단을 더
: 늘리자
: 늘이자
.

06

모집 인원을
: 늘리자
: 늘이자
.

07

피부가 너무
: 당기네
: 땅기네
.

08

요즘 피자가
: 당기네
: 땅기네
.

09

네 정체를
: 드러내
: 들어내
!

10

짐을 당장
: 드러내
: 들어내
!

---

01 그 사람이 드디어 본색을 **들어냈네**.
→

02 토마토를 설탕에 **저려** 먹으면 아주 맛있어.
→

03 은서는 깊은 슬픔에 **쌓여** 아무 말도 하지 못했다.
→

04 ○○ 백화점이 주차장 직원 수를 **늘이기로** 결정했대.
→

05 요즘 부쩍 삼겹살이 **땅기는데**, 같이 먹으러 갈래?
→

06 형준이가 고무줄을 길게 **늘렸다가** 놓았다.
→

07 놀부네 곳간에 쌀가마니가 가득 **싸였어요**.
→

08 창고에서 쓰지 않는 물건들을 **드러냈다**.
→

09 요즘 나는 피부가 건조해서 얼굴이 너무 **당겨**.
→

10 쭈그리고 앉아 있었더니 다리가 **절인다**.
→

21~
40

명사

사람, 사물, 장소 등
대상의 이름을
나타내는 품사

부사

동사, 형용사,
다른 부사, 문장 전체를
꾸며 주는 품사

+ 기타

(동사 활용, 조사,
어미, 접사 등)

21. 맞춤법, 잘 알고 있는지 퀴즈로 먼저 확인해 볼까?

출연 vs 출현

나 영화에 •

• **출연**했어.

외계인이 •

• **출현**했어.

정답
▶

 뜻이 다른 말, 비슷한 발음 때문에 헷갈리지 말자!

'출연'은 '연기, 공연, 연설 따위를 하기 위해 무대나 연단에 나감' 등의 뜻이 있는 말로, '드라마에 출연하다'와 같이 활용할 수 있어.

'출현'은 '나타나거나 나타나서 보임' 등의 뜻이 있는 말로, '문명의 출현'과 같이 활용할 수 있어.

> ## 나 영화에 **출연**했어.

⌐, 문맥상 '내가 영화에 **연기하기
위해 나갔다**'는 의미이므로, **'출연'**으로 적어.
'출연'과 '연기하다'에는 같은 '펼 연[演]'자가 쓰였어.

출연: 연기, 공연, 연설 따위를 하기 위해
무대나 연단에 나감.

▶ 알맞은 말에 ◯표 하자.

그 배우는 연극에 | **출연** | **출현** | 했다.

▶ 배운 말을 바르게 쓰고, 틀린 말은 고쳐 쓰자.

TV **출**　　

출　　 배우

방송 **출현** 제의가 쏟아졌다.

⌐, 　　　

▶ 배운 말을 포함하여 바른 문장을 만들어 보자.

출연 →

외계인이 **출현**했어.

└→ 문맥상 '외계인이 **나타나서 보였다**'는 의미이므로, '**출현**'으로 적어. '**출현**'에는 '나타날 현[現]'자가 쓰였어.

출현: 나타나거나 나타나서 보임.

▶ 알맞은 말에 ◯표 하자.

정체불명의 괴생물이   출연   출현   했다.

▶ 배운 말을 바르게 쓰고, 틀린 말은 고쳐 쓰자.

인류의   출

국가의   출

새 장르가 **출연**하다.

└→ ☐ ☐

▶ 배운 말을 포함하여 바른 문장을 만들어 보자.

출현 →

▶ 다음 글을 읽고, 알맞은 말에 ○표 하자.

　　배우 A는 최근 몇 달 사이 엄청난 스타가 되었다. 정체 불명의 괴생물이 (**출연** / **출현**)[1]해 인류가 위기에 빠지는 SF 영화에 (**출연** / **출현**)[2]한 것이 계기였다. 주인공은 아니었지만, A는 뛰어난 연기력으로 관객에게 좋은 인상을 남겼다.

　　그 후 A에게는 방송 (**출연** / **출현**)[3] 제의가 쏟아졌고, 각종 TV 프로그램에 (**출연** / **출현**)[4]하게 되었다. A는 이 인기를 발판으로 삼아 차기작을 결정했는데, 이는 '새로운 장르의 (**출연** / **출현**)[5]'이라며 극찬을 받은 소설을 영화화한 것이라고 한다.

정답은 책 맨 뒷장에

22. 맞춤법, 잘 알고 있는지 퀴즈로 먼저 확인해 볼까?

결재 vs 결제

서류는 •

• **결제**했나요?

요금은 •

• **결재**했나요?

정답 ▶

 뜻이 다른 말, 비슷한 발음 때문에 헷갈리지 말자!

'결재'는 '결정할 권한이 있는 상관이 부하가 제출한 안건을 검토하여 허가하거나 승인함' 등의 뜻이 있는 말로, '결재를 받다'와 같이 활용할 수 있어.

'결제'는 '증권 또는 대금을 주고받아 거래 관계를 끝맺는 일' 등의 뜻이 있는 말로, '카드로 결제하다'와 같이 활용할 수 있어.

서류는 **결재**했나요?

leen

└→ 문맥상 **'서류를 검토하여
허가하거나 승인'**했는지
묻고 있으므로, **'결재'**로 적어.

결재: 결정할 권한이 있는 상관이 부하가
제출한 안건을 검토하여 허가하거나 승인함.

▶ 알맞은 말에 ○표 하자.

이 문서는 대표의 [**결재** **결제**] 가 필요하다.

▶ 배운 말을 바르게 쓰고, 틀린 말은 고쳐 쓰자.

결 [   ] 를 올리다.

결 [   ] 가 나다.

결제 받을 파일을 정리해.

└→ [   ][   ]

▶ 배운 말을 포함하여 바른 문장을 만들어 보자.

결재 →

요금은 **결제**했나요?

└→ 문맥상 '(부가된)요금에 대한
거래 관계를 끝맺었는지' 묻고 있으므로,
'**결제**'로 적어.

결제: 증권 또는 대금을 주고받아 거래 관계를 끝맺는 일.

▶ 알맞은 말에 ○표 하자.

| 결재 | 결제 | 는 일시불로 하시겠습니까?

▶ 배운 말을 바르게 쓰고, **틀린** 말은 고쳐 쓰자.

현금 **결** ☐

카드 **결** ☐

할부로 **결재** 가능한가요?

└→ ☐ ☐

▶ 배운 말을 포함하여 바른 문장을 만들어 보자.

결제 →

► 다음 글을 읽고, 알맞은 말에 ○표 하자.

  윤하네 가족은 빵집을 운영하는데, 가게에는 할 일이 아주 많다. 최근에는 반죽기가 고장 나서, 새것을 구입하기 위해 윤하가 여러 모델을 알아본 다음 대표를 맡고 있는 엄마께 (**결재** / **결제**)[1]를 올렸다. (**결재** / **결제**)[2]가 나자 금액은 카드로 (**결재** / **결제**)[3]하고, 일시불 (**결재** / **결제**)[4]를 선택해 영수증을 발급받았다.

  윤하는 또 매일 아침마다 제빵 재료를 점검하고 부족한 것을 구입한다. 현금 (**결재** / **결제**)[5]한 것들은 따로 영수증도 확인해야 하고, 이것저것 할 일을 하다 보면 금방 저녁이 되곤 한다.

정답은 책 맨 뒷장에

23.

맞춤법, 잘 알고 있는지 퀴즈로 먼저 확인해 볼까?

갱신 vs 경신

| 여권을  | • | • | **갱신**했니? |

| 최고 기록을 | • | • | **경신**했니? |

999
980
970
:

정답
▶

 뜻이 다른 말, 잘못 쓰이는 경우를 구별하자!

'갱신'은 '법률관계가 계속될 수 있는 기간이 끝났을 때 그 기간을 연장하는 일' 등의 뜻이 있는 말로, '운전면허증 갱신'과 같이 활용할 수 있어.

'경신'은 '기록경기 따위에서, 종전의 기록을 깨뜨림' 등의 뜻이 있는 말로, '세계 기록 경신'과 같이 활용할 수 있어.

▶

여권을 **갱신**했니?

∟ 문맥상 '여권의 **지속 기간이
끝났을 때 그 기간을 연장**'했는지
묻고 있으므로, '**갱신**'으로 적어.

갱신: 법률관계가 계속 될 수 있는 기간이 끝났을 때
그 기간을 연장하는 일.

▶ 알맞은 말에 ○표 하자.

5년마다 등록을   **갱신**   **경신**   해야 한다.

▶ 배운 말을 바르게 쓰고, **틀린** 말은 고쳐 쓰자.

계약 [ ] **신**

면허 [ ] **신**

비자를 **경신**해야 한다.

∟ [ ][ ]

▶ 배운 말을 포함하여 바른 문장을 만들어 보자.

갱신 →

최고 기록을 **경신**했니?

999
980
970
⋮

└→ 문맥상 '기록경기 등에서
종전의 최고 기록을 깨뜨렸는지'
묻고 있으므로, '**경신**'으로 적어.

경신: 1. 기록경기 따위에서, 종전의 기록을 깨뜨림.
2. 어떤 분야의 종전 최고치나 최저치를 깨뜨림.
(예: 최고가 경신)

▶ 알맞은 말에 ○표 하자.

세계 선수권의 최고 기록을   갱신   경신   하다.

▶ 배운 말을 바르게 쓰고, <u>틀린</u> 말은 고쳐 쓰자.

신기록 [ ] **신**

최고 기온 [ ] **신**

개인 기록 **갱신**에 도전하다.

└→ [ ][ ]

▶ 배운 말을 포함하여 바른 문장을 만들어 보자.

경신 →

111

▶ 다음 글을 읽고, 알맞은 말에 ○표 하자.

오늘 아침 뉴스에선 한 수영 선수가 세계 선수권의 최고 기록을 (**갱신 / 경신**)[1]했다는 소식이 들린다. 신기록을 (**갱신 / 경신**)[2]한 선수가 수영계 최고의 기대주라고 한다.

그나저나 오늘은 구청에서 운전면허도 (**갱신 / 경신**)[3]해야 하고 비자도 (**갱신 / 경신**)[4]해야 하는데, 날씨가 너무 더워 걱정이다. 일기 예보에선 오늘 낮 기온이 최근 5년 간의 최고 기온을 (**갱신 / 경신**)[5]할 것으로 예상된다고 했다. 나는 더위를 많이 타는 편인데, 벌써 걱정이 이만저만이 아니다.

정답은 책 맨 뒷장에

24. 맞춤법, 잘 알고 있는지 퀴즈로 먼저 확인해 볼까?

봉오리 vs 봉우리

장미꽃의 •

• **봉오리**야.

아주 높은 •

• **봉우리**야.

정답 ▶

 뜻이 다른 말, 잘못 쓰이는 경우를 구별하자!

'봉오리'는 '망울만 맺히고 아직 피지 않은 꽃' 등의 뜻이 있는 말로, '진달래 봉오리'와 같이 활용할 수 있어.

'봉우리'는 '산에서 뾰족하게 높이 솟은 부분'의 뜻이 있는 말로, '산봉우리'와 같이 활용할 수 있어.

113

▶

장미꽃의 **봉오리**야.

  ↳ 문맥상 '**아직 피지 않은** 장미꽃이
     망울만 맺혔다'는 의미이므로,
     '**봉오리**'로 적어.

  봉오리: 망울만 맺히고 아직 피지 않은 꽃.

▶ 알맞은 말에 ○표 하자.

개나리의 | **봉오리** | **봉우리** | 가 올랐다.

▶ 배운 말을 바르게 쓰고, 틀린 말은 고쳐 쓰자.

꽃 **봉** ⬜ **리**

봉 ⬜ **리** 를 맺다.

봉우리가 열리고 꽃이 피다.

  ↳ ⬜ ⬜ ⬜

▶ 배운 말을 포함하여 바른 문장을 만들어 보자.

봉오리 →

아주 높은 **봉우리**야.

└→ 문맥상 '**산에서 뾰족하게 높이 솟은 부분**이 아주 높다'는 의미이므로, '**봉우리**'로 적어.

봉우리: 산에서 뾰족하게 높이 솟은 부분.

▶ 알맞은 말에 ◯표 하자.

가장 높은 | **봉오리** | **봉우리** | 에 오르다.

▶ 배운 말을 바르게 쓰고, <u>틀린 말은 고쳐 쓰자.</u>

한라산 | 봉 | | 리 |

우뚝한 | 봉 | | 리 |

거대한 **봉오리**에 올라서다.

└→ | | | |

▶ 배운 말을 포함하여 바른 문장을 만들어 보자.

봉우리 →

115

▶ 다음 글을 읽고, 알맞은 말에 ◯표 하자.

주말을 맞아 가족과 함께 등산을 했다. 산에서 가장 높은 (**봉오리** / **봉우리**)[1]에 오르는 것이 목표였다. 처음에는 무척 숨이 차고 힘들었지만, 산을 오르는 길목마다 꽃 (**봉오리** / **봉우리**)[2]가 맺힌 것을 보니 왠지 힘이 나기도 했다. 그중에는 벌써 (**봉오리** / **봉우리**)[3]가 열리고 꽃이 핀 것도 있었다.

그리고 우리는 마침내 정상에 올랐다. 거대한 (**봉오리** / **봉우리**)[4]의 꼭대기에 오르자 산 풍경이 한눈에 내려다보였다. 발밑으로 우뚝한 (**봉오리** / **봉우리**)[5]가 솟아 있는 광경은 그야말로 장관이었다.

정답은 책 맨 뒷장에

25. 맞춤법, 잘 알고 있는지 퀴즈로 먼저 확인해 볼까?

채 vs 체

눈 감은 **채** •		• 누워 있어.
눈 감은 **체** •		• 를 하네.

정답 ▶

 뜻이 다른 말, 비슷한 발음 때문에 헷갈리지 말자!

'채'는 '이미 있는 상태 그대로 있다' 등의 뜻이 있는 말로, '영문도 모른 채 왔다'와 같이 활용할 수 있어.

'체'는 '그럴듯하게 꾸미는 거짓 태도나 모양' 등의 뜻이 있는 말로, '보고도 못 본 체를 하다'와 같이 활용할 수 있어.

눈 감은 **채** 누워 있어.

└→ 문맥상 '눈을 감은 **상태 그대로**
누워 있다'는 의미이므로, '**채**'로 적어.
'**채**'는 실제 동작을 나타낼 때 주로 쓰이는 말이야.

채: ('−은/는 채로', '−은/는 채' 구성으로 쓰여)
이미 있는 상태 그대로 있다는 뜻을 나타내는 말.

▶ 알맞은 말에 ○표 하자.

가만히 선   **채**   **체**   로 있었다.

▶ 배운 말을 바르게 쓰고, <u>틀린</u> 말은 고쳐 쓰자.

산 [   ]로 잡다.

벽에 기댄 **체** 잠들었다.

└→ [   ]

뒷짐을 진 [   ]

▶ 배운 말을 포함하여 바른 문장을 만들어 보자.

채 →

눈 감은 **체**를 하네.

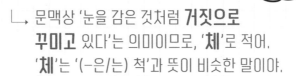

↳ 문맥상 '눈을 감은 것처럼 **거짓으로**
꾸미고 있다'는 의미이므로, '**체**'로 적어.
'**체**'는 '(–은/는) 척'과 뜻이 비슷한 말이야.

체: ('–은', '–는' 뒤에 쓰여)
그럴듯하게 꾸미는 거짓 태도나 모양.

▶ 알맞은 말에 ○표 하자.

알면서 모르는   **채**   **체**   를 하네.

▶ 배운 말을 바르게 쓰고, 틀린 말은 고쳐 쓰자.

다 아는 ⬚

못 이기는 ⬚

못 본 **채** 시치미를 뗐다.

↳ ⬚

▶ 배운 말을 포함하여 바른 문장을 만들어 보자.

체 →

▶ 다음 글을 읽고, 알맞은 말에 ○표 하자.

    연우는 어제 동생인 연주와 싸운 후 내내 냉전 상태다. 못 이기는 (**채** / **체**)[1] 화해를 해 볼까 생각하다가도, 연우를 보고도 못 본 (**채** / **체**)[2] 시치미를 떼는 연주의 모습을 보면 다시 화가 치밀어 올랐다. 연우는 가만히 선 (**채** / **체**)[3] 연주가 자신을 모르는 (**채** / **체**)[4]를 하는 모습을 지켜보고 있었다. 나만 잘못한 것도 아닌데, 꼭 그런 것처럼 사람을 무시하는 꼴이라니!

    연우는 절대 먼저 사과하지 않기로 했다. 이대로 뒷짐을 진 (**채** / **체**)[5] 물러서서, 연주가 어떻게 반응하는지 한번 지켜볼 생각이다.

정답은 책 맨 뒷장에

▶ 알맞은 말에 ◯표 하자.

맞춤법 확인하기

21 ~ 25

01 눈 감은 [채 / 체]를 하네.

02 눈 감은 [채 / 체] 누워 있어.

03 여권은 [갱신 / 경신]했니?

04 최고 기록을 [갱신 / 경신]했니?

05 서류는 [결재 / 결제]했나요?

06 요금은 [결재 / 결제]했나요?

07 외계인이 [출연 / 출현]했어.

08 나 영화에 [출연 / 출현]했어.

09 장미꽃의 [봉오리 / 봉우리]야.

10 아주 높은 [봉오리 / 봉우리]야.

정답 191쪽

121

01　　아는 것이라도 너무 잘난 **채**를 하지 마라.
　　　　　→

02　　하늘에 미확인 비행 물체가 **출연**했습니다.
　　　　　→

03　　저 산**봉오리**까지 올라가는 것이 내 목표야.
　　　　→

04　　어머니께서는 신용 카드로 병원비를 **결재**하셨다.
　　　　　　→

05　　나는 소파에 누운 **체** TV를 보는 중이었어.
　　　　　→

06　　그 선수가 드디어 마라톤 세계 기록을 **갱신**했다.
　　　　　　→

07　　사과꽃이 귀여운 **봉우리**를 맺었네.
　　　　　→

08　　그는 첫 **출현** 작품에서 중요한 역할을 맡았다.
　　　　→

09　　여권을 **경신**하려면 구청에 방문해야 해.
　　　　→

10　　이제 회의는 끝났고 **결제**만 받으면 된다.
　　　　　→

26. 맞춤법, 잘 알고 있는지 퀴즈로 먼저 확인해 볼까?

한참 vs 한창

시간이 **한참** •

• 이었다.

여름이 **한창** •

• 걸렸다.

정답
▶

 뜻이 다른 말, 잘못 쓰이는 경우를 구별하자!

'한참'은 '시간이 상당히 지나는 동안' 등의 뜻이 있는 말로, '한참 뒤에'와 같이 활용할 수 있어.

'한창'은 '어떤 일이 가장 활기 있고 왕성하게 일어나는 때' 등의 뜻이 있는 말로, '한창때'와 같이 활용할 수 있어.

시간이 **한참** 걸렸다.

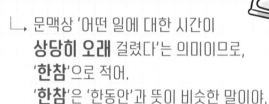

└▶ 문맥상 '어떤 일에 대한 시간이
상당히 오래 걸렸다'는 의미이므로,
'**한참**'으로 적어.
'**한참**'은 '한동안'과 뜻이 비슷한 말이야.

한참: 시간이 상당히 지나는 동안, 또는 어떤
일이 상당히 오래 일어나는 모양.

▶ 알맞은 말에 ○표 하자.

길을 따라서 **한참** **한창** 을 걸었다.

▶ 배운 말을 바르게 쓰고, 틀린 말은 고쳐 쓰자.

한 ☐ 전에   **한창**을 기다리다 갔어.

한 ☐ 동안   └▶ ☐☐

▶ 배운 말을 포함하여 바른 문장을 만들어 보자.

한참 →

여름이 **한창**이었다.

└, 문맥상 '여름이 **가장 활기 있고
왕성하게 일어난 때**였다'라는 의미이므로,
'**한창**'으로 적어.

한창: 어떤 일이 가장 활기 있고 왕성하게
일어나는 때, 또는 모양.

▶ 알맞은 말에 ○표 하자.

거리에 벚꽃이 **한참** **한창** 이다.

▶ 배운 말을 바르게 쓰고, 틀린 말은 고쳐 쓰자.

한 무르익다.   실력이 **한참** 물이 올랐다.

봄이 **한** 이다.   └, ⬚⬚

▶ 배운 말을 포함하여 바른 문장을 만들어 보자.

한창 →

▶ 다음 글을 읽고, 알맞은 말에 ○표 하자.

봄이 (**한참** / **한창**)[1]인 4월이다. 연아는 길을 따라 (**한참** / **한창**)[2]을 걷다가, 꽃이 만발한 어느 거리에서 멈추어 섰다. 벚나무가 길게 늘어서 있는 산책로엔 아름다운 벚꽃이 (**한참** / **한창**)[3]이었다. 연아는 그 그림 같은 풍경에 시선을 빼앗긴 나머지, (**한참** / **한창**)[4] 동안 산책로를 빙빙 돌며 그곳을 떠나지 못했다.

지난겨울만 해도 앙상한 나뭇가지만이 가득한 곳이었는데. 그게 고작 얼마 전인데도 겨울은 (**한참** / **한창**)[5] 전 일인 것처럼 이곳은 온통 분홍색으로 옷을 갈아입었다.

정답은 책 맨 뒷장에

27. 맞춤법, 잘 알고 있는지 퀴즈로 먼저 확인해 볼까?

반드시 vs 반듯이

나는 **반드시** •   • 누워 있었어.

나는 **반듯이** •   • 성공해야 해.

정답 ▶

 뜻이 다른 말, 비슷한 발음 때문에 헷갈리지 말자!

'반드시'는 '틀림없이 꼭'의 뜻이 있는 말로, '반드시 해야 할 일'과 같이 활용할 수 있어.

'반듯이'는 '물체, 또는 생각이나 행동 따위가 비뚤어지거나 기울거나 굽지 않고 바르게' 등의 뜻이 있는 말로, '반듯이 펴다'와 같이 활용할 수 있어.

정답

▶

나는 **반드시** 성공해야 해.

└▸ 문맥상 '나는 **틀림없이 꼭**
성공해야 한다'는 의미이므로,
'**반드시**'로 적어.
'**반드시**'는 '기필코'와 뜻이 비슷한 말이야.

반드시: 틀림없이 꼭.

▶ 알맞은 말에 ○표 하자.

| **반드시** | **반듯이** | 시간에 맞춰 와야 한다.

▶ 배운 말을 바르게 쓰고, 틀린 말은 고쳐 쓰자.

반 [ ] [ ]   이긴다.

반 [ ] [ ]   끝낸다.

우리는 **반듯이** 우승할 거야.

└▸ [ ] [ ] [ ]

▶ 배운 말을 포함하여 바른 문장을 만들어 보자.

반드시 →

나는 **반듯이** 누워 있었어.

↳ 문맥상 '나는 **비뚤어지거나 기울거나 굽지 않고 바르게** 누워 있었다'는 의미이므로, '**반듯이**'로 적어. '**반듯이**'는 '반듯하다(예: 태도가 반듯하다)'에서 나온 말이야.

반듯이: 물체, 또는 생각이나 행동 따위가 비뚤어지거나 기울거나 굽지 않고 바르게.

▶ 알맞은 말에 ○표 하자.

자세를   **반드시**   **반듯이**   하고 서 있다.

▶ 배운 말을 바르게 쓰고, 틀린 말은 고쳐 쓰자.

반　　　 빗다.

옷차림을 **반드시** 해라.

반　　　 앉다.

↳ 　　　

▶ 배운 말을 포함하여 바른 문장을 만들어 보자.

반듯이 →

129

▶ 다음 글을 읽고, 알맞은 말에 ◯표 하자.

우주네 축구팀이 창단 이래 최초로 컵 대회 결승전에 진출했다. 결승전 당일 아침부터 우주는 (**반드시** / **반듯이**)¹ 이기겠다는 일념으로 머릿속이 가득 차 있었다. 머리도 (**반드시** / **반듯이**)² 빗어 넘기고, 로커 룸에 있는 자신의 자리에 (**반드시** / **반듯이**)³ 앉아 비장한 마음으로 경기가 시작되길 기다렸다.

훈련 때 준비한 대로 (**반드시** / **반듯이**)⁴ 경기를 끝내야 한다! 우주는 팀원들과 함께 큰 소리로 구호를 외치며 (**반드시** / **반듯이**)⁵ 우승하겠다는 각오를 다졌다.

정답은 책 맨 뒷장에

28.

맞춤법, 잘 알고 있는지 퀴즈로 먼저 확인해 볼까?

지그시 vs 지긋이

그는 **지그시** •

• 눈을 감았어.

그는 **지긋이** •

• 나이 들었어.

정답 ▶

 뜻이 다른 말, 비슷한 발음 때문에 헷갈리지 말자!

'지그시'는 '슬며시 힘을 주는 모양' 등의 뜻이 있는 말로, '지그시 밟다'와 같이 활용할 수 있어.

'지긋이'는 '나이가 비교적 많아 듬직하게' 등의 뜻이 있는 말로, '나이가 지긋이 차다'와 같이 활용할 수 있어.

그는 **지그시** 눈을 감았어.

└ 문맥상 '그는 **슬며시 힘을 주고** 눈을 감았다'는 의미이므로, '**지그시**'로 적어.

지그시: 슬며시 힘을 주는 모양.

▶ 알맞은 말에 ○표 하자.

그가 입술을   **지그시**   **지긋이**   깨물었다.

▶ 배운 말을 바르게 쓰고, 틀린 말은 고쳐 쓰자.

지 [ ] [ ] 누르다.

지 [ ] [ ] 감싸다.

눈을 **지긋이** 내리깔았다.

└ [ ] [ ] [ ]

▶ 배운 말을 포함하여 바른 문장을 만들어 보자.

지그시 →

그는 **지긋이** 나이 들었어.

↳ 문맥상 '그는 **나이가 비교적 많이** 들었다'는 의미이므로, '**지긋이**'로 적어. '**지긋이**'는 '지긋하다(예: 나이가 지긋하다)'에서 나온 말이야.

지긋이: 1. 나이가 비교적 많아 듬직하게.
2. 참을성 있게 끈지게. (예: 지긋이 앉아 있다.)

▶ 알맞은 말에 ◯표 하자.

| 지그시 | 지긋이 | 나이를 먹은 모습이었다.

▶ 배운 말을 바르게 쓰고, <u>틀린</u> 말은 고쳐 쓰자.

| 지 | | | 기다려.

나이가 **지그시** 들어 보여.

| 지 | | | 공부하다.

↳ | | | |

▶ 배운 말을 포함하여 바른 문장을 만들어 보자.

지긋이 →

▶ 다음 글을 읽고, 알맞은 말에 ○표 하자.

　　오랜만에 꿈속에서 본 우리 할머니는 이전보다 더 (**지그시** / **지긋이**)[1] 나이가 들어 계셨다. 할머니는 정자 위에 앉아 (**지그시** / **지긋이**)[2] 눈을 내리깔고 계셨는데, 도통 아무 말씀도 하지 않으셨다.

　　나는 재촉하지 않고 (**지그시** / **지긋이**)[3] 앉아 기다렸다. 조금씩 따뜻해지기 시작한 바람이 (**지그시** / **지긋이**)[4] 우리를 감싸 안고 있었다. 나는 할머니 옆에 무릎을 끌어안고 앉아 (**지그시** / **지긋이**)[5] 입술을 깨물었다. 꿈이란 것은 알고 있었지만, 아직은 깨어나고 싶지 않았다.

정답은 책 맨 뒷장에

29.

맞춤법, 잘 알고 있는지 퀴즈로 먼저 확인해 볼까?

이따가 vs 있다가

집에서 더 •

• **이따가** 갈게.

지금 바쁘니 •

• **있다가** 갈게.

정답
▶

 뜻이 다른 말, 비슷한 발음 때문에 헷갈리지 말자!

'이따가'는 '조금 지난 뒤에'의 뜻이 있는 말로, '이따가 또 전화하자'와 같이 활용할 수 있어.

'있다가'는 '있다'에 '-다가'가 붙은 형태로, '밖에 있다가 오다'와 같이 활용할 수 있어.

지금 바쁘니 **이따가** 갈게.

∟ 문맥상 '지금은 바빠서
조금 지난 뒤에 가겠다'는 의미이므로,
'**이따가**'로 적어.

이따가: 조금 지난 뒤에.

▶ 알맞은 말에 ○표 하자.

이따가 **있다가** 둘이 있을 때 얘기해.

▶ 배운 말을 바르게 쓰고, 틀린 말은 고쳐 쓰자.

| | **가** 만나. | 나는 **있다가** 약속이 있어. |

| | **가** 비 온대. | ∟ |

▶ 배운 말을 포함하여 바른 문장을 만들어 보자.

이따가 →

집에서 더 **있다가** 갈게.

└→ 문맥상 '집에서 더 **머물다가**
가겠다'는 의미이므로, '**있다가**'로 적어.
'**있다가**'는 '있다'에 '–다가'가 붙은
형태이기 때문이야.

있다: 1. 어느 곳에서 벗어나지 않고 머물다.
2. 어떤 상태를 계속 유지하다. (예: 서 있다.)

▶ 알맞은 말에 ◯표 하자.

방에   **이따가**   **있다가**   거실로 나왔다.

▶ 배운 말을 바르게 쓰고, 틀린 말은 고쳐 쓰자.

학교에 [　][　] **가**

이기고 [　][　] **가**

여기 더 **이따가** 가자.

└→ [　][　][　]

▶ 배운 말을 포함하여 바른 문장을 만들어 보자.

있다가 →

137

▶ 다음 글을 읽고, 알맞은 말에 ◯표 하자.

　　그새 깜빡 잠이 들었나 보다. 나 혼자 방에 (**이따가** / **있다가**)¹ 거실로 나오니 언니가 집에 돌아와 있었다. 학교에 (**이따가** / **있다가**)² 지금 막 집에 돌아온 모양이었다.

　　언니가 같이 영화를 보자길래 (**이따가** / **있다가**)³ 약속이 있다고 했더니, 언니가 일기 예보에서 (**이따가** / **있다가**)⁴ 비가 온다고 했다고 알려 주었다. 날씨가 좋으면 밖에서 친구와 산책을 하고 싶었는데. 일단 언니와는 조금 (**이따가** / **있다가**)⁵ 다시 얘기하기로 하고, 나는 얼른 친구에게 연락을 해 보기로 했다.

정답은 책 맨 뒷장에

30.

맞춤법, 잘 알고 있는지 퀴즈로 먼저 확인해 볼까?

-장이 vs -쟁이

유명한 가구 •

• **-장이**래.

유명한 말썽 •

• **-쟁이**래.

정답 ▶

 뜻이 다른 말, 잘못 쓰이는 경우를 구별하자!

'-장이'는 '그것과 관련된 기술을 가진 사람'의 뜻을 더하는 말로, '간판장이'와 같이 활용할 수 있어.

'-쟁이'는 '그것이 나타내는 속성을 많이 가진 사람'의 뜻을 더하는 말로, '멋쟁이'와 같이 활용할 수 있어.

139

▶

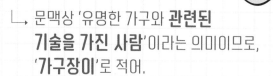

유명한 가구**장이**래.

└, 문맥상 '유명한 가구와 **관련된**
기술을 가진 사람'이라는 의미이므로,
'**가구장이**'로 적어.

-장이: (일부 명사 뒤에 붙어) '그것과 관련된
기술을 가진 사람'의 뜻을 더하는 말.

▶ 알맞은 말에 ○표 하자.

할머니는 이름난 │ **옹기장이**　**옹기쟁이** │ 이시다.

▶ 배운 말을 바르게 쓰고, 틀린 말은 고쳐 쓰자.

땜 [　] **이**

칠쟁이가 담장을 칠했다.

└, [　][　]

양복 [　] **이**

▶ 배운 말을 포함하여 바른 문장을 만들어 보자.

-장이 →

유명한 말썽**쟁이**래.

└→ 문맥상 '유명한 말썽의 **속성을 많이 가진 사람**'이라는 의미이므로, '**말썽쟁이**'로 적어.

-쟁이: (일부 명사 뒤에 붙어) '그것이 나타내는 속성을 많이 가진 사람'의 뜻을 더하는 말.

▶ 알맞은 말에 ○표 하자.

놀부는 | **욕심장이** | **욕심쟁이** | 로 유명하다.

▶ 배운 말을 바르게 쓰고, 틀린 말은 고쳐 쓰자.

겁 [ ] **이**

심술 [ ] **이**

고집**장이**라 설득하기 힘들어.

└→ [ ] [ ]

▶ 배운 말을 포함하여 바른 문장을 만들어 보자.

-쟁이 →

▶ 다음 글을 읽고, 알맞은 말에 ○표 하자.

최 영감님은 최근 마을에서 (**심술장이** / **심술쟁이**)[1]로 유명한 (**양복장이** / **양복쟁이**)[2] 영감님께 새 옷 한 벌을 맞췄다. 최 영감님은 마을의 유명한 (**옹기장이** / **옹기쟁이**)[3]로, 항상 흙 묻은 작업복을 입고 다니셨는데, 한 방송국과 인터뷰를 하게 되면서 멋진 새 옷을 장만하신 것이다. 엄청난 (**고집장이** / **고집쟁이**)[4]로 불리는 최 영감님이지만, 낯선 옷차림으로 낯선 장소에 앉아 있으니 왠지 고분고분해지는 느낌이 든다. (**겁장이** / **겁쟁이**)[5]처럼 인터뷰에서 덜덜 떨기라도 하면 어떡하나, 괜한 걱정이 스멀스멀 올라오기도 한다.

정답은 책 맨 뒷장에

▶ 알맞은 말에 ◯표 하자.

01
시간이 [한참 / 한창] 걸렸다.

02
여름이 [한참 / 한창] 이었다.

03
유명한 말썽 [장이 / 쟁이] 래.

04
유명한 가구 [장이 / 쟁이] 래.

05
나는 [반드시 / 반듯이] 성공해야 해.

06
나는 [반드시 / 반듯이] 누워 있었어.

07
집에서 더 [이따가 / 있다가] 갈게.

08
지금 바쁘니 [이따가 / 있다가] 갈게.

09
그는 [지그시 / 지긋이] 눈을 감았다.

10
그는 [지그시 / 지긋이] 나이 들었다.

01 혹시 **있다가** 또 통화할 수 있을까?
→

02 우리 삼촌은 솜씨 좋은 **간판쟁이**이시다.
→

03 약속 시간이 **한창** 지났는데 아무 연락이 없어.
→

04 그는 부스스한 머리를 **반드시** 빗어 넘기고 나타났다.
→

05 **거짓말장이**는 결국 외톨이가 되기 마련이야.
→

06 현이가 입술을 **지긋이** 깨물고 화를 참았다.
→

07 계속 집에만 **이따가** 밖에 나오니 몸이 뻐근하네.
→

08 봄이 오자 뒤뜰엔 진달래가 **한참**입니다.
→

09 나이가 **지그시** 든 노인이 지팡이를 짚고 서 계셨다.
→

10 자신이 한 말에는 **반듯이** 책임을 져야 해.
→

31.

맞춤법, 잘 알고 있는지 퀴즈로 먼저 확인해 볼까?

-률 vs -율

> 출생(**률**/**율**)이 낮아지고 있어.

> 이자(**률**/**율**)이 낮아지고 있어.

정답 ▶

 뜻이 비슷한 말, 어법을 알면 보인다!

'**-률**'과 '**-율**'은 모두 다른 말 뒤에 붙어서 '비율'의 뜻을 더해 주는 말이야.
'ㄴ' 받침을 제외한 받침 있는 말 뒤에 붙을 때에는 '**-률**'로 적고, 모음이나 'ㄴ' 받침
뒤에 붙을 때에는 '**-율**'로 적어. '사용률', '할인율'과 같이 활용할 수 있어.

정답

▶

출생**률**이 낮아지고 있어.

⌐, **'ㄴ' 받침을 제외한 받침 있는 말 뒤**에서
'비율'의 뜻을 더해 주는 말은 '**-률**'이야.
'출생'은 끝소리가 'ㅇ' 받침이므로, **출생률**로 적어.

-률: (일부 명사 뒤에 붙어) '비율'의 뜻을 더하는 말.

▶ 알맞은 말에 ○표 하자.

경쟁률　**경쟁율**　이 높은 시험이다.

▶ 배운 말을 바르게 쓰고, 틀린 말은 고쳐 쓰자.

합격 ☐

수익 ☐

출석**율**이 어떻게 되나요?

⌐ ☐

▶ 배운 말을 포함하여 바른 문장을 만들어 보자.

-률 →

이자율이 낮아지고 있어.

→ **모음으로 끝나거나 'ㄴ' 받침이 있는 말 뒤**에서 '비율'의 뜻을 더해 주는 말은 '**-율**'이야.
'이자'는 모음으로 끝나는 말이므로, '**이자율**'로 적어.

-율: (일부 명사 뒤에 붙어) '비율'의 뜻을 더하는 말.

▶ 알맞은 말에 ○표 하자.

| 백분률 | 백분율 | 로 환산하면 얼마일까?

▶ 배운 말을 바르게 쓰고, 틀린 말은 고쳐 쓰자.

증가 □

투표 □

달걀 생산**률**이 크게 떨어졌다.

→ □

▶ 배운 말을 포함하여 바른 문장을 만들어 보자.

-율 →

▶ 다음 글을 읽고, 알맞은 말에 ○표 하자.

심심한 주말, 뉴스를 틀어 놓았더니 다양한 소식이 들려온다. 선거 (**투표률** / **투표율**)¹이 지난해보다 높아졌다는 소식부터, 농민들이 (**수익률** / **수익율**)²을 높이기 위해 품종 개량에 힘쓰고 있다는 소식, 달걀 (**생산률** / **생산율**)³이 크게 떨어져 달걀값이 오를 거라는 소식까지.

소리를 더 키우지도 않았는데, (**경쟁률** / **경쟁율**)⁴이 치열한 시험을 준비하는 형은 TV 소리가 시끄럽다며 갑자기 잔소리를 한다. 매해 (**합격률** / **합격율**)⁵이 낮아지고 있는 어려운 시험이라나? 억울한 마음이 들었지만 나는 잠자코 소리를 줄여 주기로 했다.

정답은 책 맨 뒷장에

32.

맞춤법, 잘 알고 있는지 퀴즈로 먼저 확인해 볼까?

안 vs 않-

난 하나도 (**안**/**않**) 춥다.

난 하나도 춥지 (**안**/**않**)다.

정답
▶

 뜻이 비슷한 밀, 어법을 알면 보인다!

'안'은 뒷말이 뜻하는 행동이나 성질, 상태에 부정이나 반대의 뜻을 나타내는 말로, '아니'가 줄어든 말이야. '밥을 안 먹다'와 같이 활용할 수 있어.

'않(다)'은 앞말이 뜻하는 행동이나 상태를 부정하는 말로, '아니하-'가 줄어든 말이야. '밥을 먹지 않다'와 같이 활용할 수 있어.

난 하나도 **안** 춥다.

└▸ '**안**'은 '**아니**'가 **줄어든 말**이야.
'**안** 춥다'는 '아니 춥다'로 바꾸어 쓸 수 있으므로,
'**안**'으로 적어.

안: (동사나 형용사 앞에 쓰여)
부정이나 반대의 뜻을 나타내는 말.

▶ 알맞은 말에 ○표 하자.

다시는 그런 실수를 [**안** | **않**] 할 것이다.

▶ 배운 말을 바르게 쓰고, <u>틀린 말은 고쳐 쓰자.</u>

그건 [   ] 돼.

아직 사과를 **않** 했어.

└▸ [   ]

말이 [   ] 나와.

▶ 배운 말을 포함하여 바른 문장을 만들어 보자.

안 →

난 하나도 춥지 **않**다.

↳ '**않**-'은 '**아니하**-'가 줄어든 말이야.
'춥지 않다'는 '춥지 아니하다'로 바꾸어 쓸 수
있으므로, '**않**'으로 적어.

않다: (동사나 형용사 뒤에서 '-지 않다' 구성으로 쓰여)
앞말이 뜻하는 행동이나 상태를 부정하는 말.

▶ 알맞은 말에 ○표 하자.

다시는 실수하지 | **안을** | **않을** | 것이다.

▶ 배운 말을 바르게 쓰고, 틀린 말은 고쳐 쓰자.

오지 [   ] **다**.   옷이 따듯하지 **안**아.

말하지 [   ] **다**.   ↳ [   ]

▶ 배운 말을 포함하여 바른 문장을 만들어 보자.

않(다) →

151

▶ 다음 글을 읽고, 알맞은 말에 ◯표 하자.

　선호는 어제 누나와 싸웠다. 누나가 싫어하는 별명으로 누나를 불렀기 때문이다. 누나는 화가 나서 오늘도 선호에게 대화 한번 걸지 (**안** / **않**)¹았다. 다신 그런 실수를 (**안** / **않**)² 하겠다고 다짐했는데. 누나의 방을 기웃거려 보니 누나는 아직 집에 오지 (**안** / **않**)³은 것 같다.

　선호는 누나에게 사과를 하고 싶었지만, 아침에는 쑥스러워서 말이 잘 (**안** / **않**)⁴ 나왔다. 손 편지라도 써 봐야 하나? 편지 같은 걸 별로 써 보지 (**안** / **않**)⁵아서 어떻게 시작을 해야 할지 모르겠다. 선호는 책상 앞에 앉아서 한참을 고민했다.

정답은 책 맨 뒷장에

33. 맞춤법, 잘 알고 있는지 퀴즈로 먼저 확인해 볼까?

너머 vs 넘어

> 저 산 (**너머**/**넘어**)로 가자.

> 저 산을 (**너머**/**넘어**)서 가자.

정답
▶

 뜻이 다른 밀, 비슷한 **발음** 때문에 헷갈리지 말자!

'**너머**'는 '높이나 경계로 가로막은 사물의 저쪽, 또는 그 공간'의 뜻이 있는 말이야. '창문 너머에 새가 있다'와 같이 활용할 수 있어.

'**넘어**'는 '넘다'를 활용한 말로, 동작을 나타내는 말이야. 주로 '무엇을'과 함께 쓰여. '고개를 넘어 마을로 가다'와 같이 활용할 수 있어.

정답

▶

저 산 **너머**로 가자.

└→ '**너머**'는 공간을 나타내는 말이야.
문맥상 '높이나 경계로 가로막은 저 산의
저쪽, 또는 그 공간으로 가자'는 의미이므로,
'**너머**'로 적어.

너머: 높이나 경계로 가로막은 사물의 저쪽,
또는 그 공간.

▶ 알맞은 말에 ○표 하자.

담 **너머** **넘어** 에서 고양이 소리가 들려.

▶ 배운 말을 바르게 쓰고, **틀린** 말은 고쳐 쓰자.

담장 ☐☐ 로   창 **넘어**에 바다가 보여.

지평선 ☐☐ 에   └→ ☐☐

▶ 배운 말을 포함하여 바른 문장을 만들어 보자.

너머 →

저 산을 **넘어**서 가자.

↳ **'넘어'**는 동작을 나타내는 말이야.
문맥상 '산의 **위를 지나서** 가자'는 의미이므로,
'넘어'로 적어.

넘다: 1. 높은 부분의 위를 지나가다.
2. 경계를 건너 지나다. (예: 휴전선을 넘다.)

▶ 알맞은 말에 ○표 하자.

도둑이 울타리를 │ **너머** **넘어** │ 도망쳤다.

▶ 배운 말을 바르게 쓰고, **틀린 말**은 고쳐 쓰자.

담을 □□서

국경을 □□서

적이 강을 **너머** 쳐들어왔다.

↳ □□

▶ 배운 말을 포함하여 바른 문장을 만들어 보자.

넘어 →

▶ 다음 글을 읽고, 알맞은 말에 ○표 하자.

　　햇볕은 따뜻하고, 창 (**너머** / **넘어**)[1]로 보이는 하늘은 구름 한 점 없는 파란색이다. 희수가 턱을 괴고 가만히 풍경을 감상하는데, 문득 담 (**너머** / **넘어**)[2]에서 야옹, 하고 고양이 우는 소리가 들렸다. 희수는 막 울타리를 (**너머** / **넘어**)[3] 다가오는 고양이 한 마리를 발견했다.

　　높은 담을 폴짝 (**너머** / **넘어**)[4]서 온 고양이는, 유유하게 꼬리를 흔들며 뒤뜰을 가로지른다. 담장 (**너머** / **넘어**)[5] 들리던 울음소리가 저 녀석 것이었나 보다. 희수는 고양이의 귀여운 뒷모습을 몰래 앉아 지켜보았다.

정답은 책 맨 뒷장에

34.

맞춤법, 잘 알고 있는지 퀴즈로 먼저 확인해 볼까?

되 vs 돼

> 뵙게 (**돼**/**되**)서 영광입니다.

> 뵙게 (**돼**/**되**)어서 영광입니다.

정답 ▶

 발음 때문에 헷갈리는 말, 어법을 알면 보인다!

'**되(다)**'는 '어떤 때나 시기, 상태에 이르다' 등의 뜻이 있는 말이야. '되다'는 '되는, 되어, 되니'와 같이 활용할 수 있어.

'**돼**'는 '되어'가 줄어든 말이야. '돼/되' 자리에 '되어'를 대신 넣어 보고, '되어'를 쓸 수 있는 자리에 '돼'를 적으면 돼. '돼서(되어서)', 오래돼(오래되어)'와 같이 활용할 수 있어.

157

정답

▶

뵙게 **되**어서 영광입니다.

└ '돼'는 **'되어'가 줄어든 말**이야.
'되어서'를 '돼어서'로 적으면 '되어어서'가 되므로,
여기에서 '돼'는 틀린 표현이지. 따라서 '**되**'로 적어.

되다: 1. 어떤 상황이나, 상태에 이르다.
2. 어떤 일이 가능하거나 허락될 수 있다.
(예: 해도 되다.)

▶ 알맞은 말에 ○표 하자.

배가 불뚝 나오게 　**돼다**　**되다**　.

▶ 배운 말을 바르게 쓰고, <u>틀린</u> 말은 고쳐 쓰자.

가도 [ ] **니** ?

먹어도 [ ] **지** .

돼지로 변하게 **돼**는 꿈이었어.

└ [ ]

▶ 배운 말을 포함하여 바른 문장을 만들어 보자.

되(**다**) →

뵙게 **돼**서 영광입니다.

> ↳ '**돼**'는 '**되어**'가 줄어든 말이야.
> '돼서'는 '되어서'를 줄여 쓴 것이므로,
> '**돼**'로 적어.
>
> **돼**: '되어'가 줄어든 말.

▶ 알맞은 말에 ○표 하자.

소화가 안 **돼서**   **되서**   힘들어.

▶ 배운 말을 바르게 쓰고, **틀린** 말은 고쳐 쓰자.

안 ☐ .   마음껏 먹어도 **되**.

회장이 ☐ **서**   ↳ ☐

▶ 배운 말을 포함하여 바른 문장을 만들어 보자.

돼 →

▶ 다음 글을 읽고, 알맞은 말에 ○표 하자.

찬하는 심부름을 하러 이모 댁에 들렀다. 이모께서는 음식을 한가득 상에 차려 놓고서, 찬하에게 식사를 하고 가라고 말씀하셨다. 찬하는 간식을 먹은 지 아직 두 시간도 채 안 (**돼서** / **되서**)[1], 벌써 다시 밥을 먹어도 (**돼는** / **되는**)[2] 것일지 고민이 되었다.

찬하는 잠시 생각하다가, 결국 밥상 앞에 앉았다. 이모께서는 "마음껏 먹어도 (**돼** / **되**)[3]."라며 자꾸만 음식을 더 가져오셨다. 이러다 배불뚝이가 (**돼고** / **되고**)[4] 마는 것은 아닐까? 그리고 보니 어제 돼지가 (**돼는** / **되는**)[5] 꿈을 꾸었는데, 찬하는 조금 걱정이 되었다.

정답은 책 맨 뒷장에

35. 맞춤법, 잘 알고 있는지 퀴즈로 먼저 확인해 볼까?

빌려 vs 빌어

너의 행복을 (**빌려**/**빌어**) 줄게.

이 자리를 (**빌려**/**빌어**) 말할게.

정답 ▶

 살눗 쓰이는 날, 본말을 일면 보인다!

'빌려'는 '빌리다'를 활용한 말로, '빌리다'에는 '어떤 일을 하기 위해 기회를 이용하다' 등의 뜻이 있어. '이 무대를 빌려'와 같이 활용할 수 있어.

'빌어'는 '빌다'를 활용한 말로, '빌다'에는 '바라는 바를 이루게 해 달라고 간청하다' 등의 뜻이 있어. '행운을 빌어'와 같이 활용할 수 있어.

이 자리를 **빌려** 말할게.

└→ 문맥상 '이 자리를 **기회로 이용해**
말하겠다'는 의미이므로, '**빌리다**'를
활용한 말이야. 따라서 '**빌려**'로 적어.

빌리다: 1. 어떤 일을 하기 위해 기회를 이용하다.
2. 일정한 형식, 이론, 남의 말이나 글 따위를
취해 따르다. (예: 시의 구절을 빌리다.)

▶ 알맞은 말에 ○표 하자.

이 편지를   **빌려**   **빌어**   한 말씀 올립니다.

▶ 배운 말을 바르게 쓰고, 틀린 말은 고쳐 쓰자.

이 기회를   **빌**☐   글의 형식을 **빌어** 표현했다.

말하겠습니다.   └→ ☐☐

▶ 배운 말을 포함하여 바른 문장을 만들어 보자.

빌려 →

너의 행복을 **빌어** 줄게.

└→ 문맥상 '너의 행복을 **이루게 해 달라고 간청하겠다**'는 의미이므로, '**빌다**'를 활용한 말이야. 따라서 '**빌어**'로 적어.

빌다: 1. 바라는 바를 이루게 해 달라고 간청하다.
　　　　2. 잘못을 용서해 달라고 호소하다. (예: 잘못을 빌다.)

▶ 알맞은 말에 ◯표 하자.

진심으로 용서를 ｜ **빌려**　**빌어** ｜ 봐.

▶ 배운 말을 바르게 쓰고, <u>틀린</u> 말은 고쳐 쓰자.

건강을 **빌** 　 줘.　　　　쾌유를 **빌려** 주도록 하자.

평화를 **빌** 　 줘.　　　　　└→ 　　

▶ 배운 말을 포함하여 바른 문장을 만들어 보자.

빌어 →

▶ 다음 글을 읽고, 알맞은 말에 ○표 하자.

　이 기회를 (**빌려** / **빌어**)[1] 하고 싶은 말이 있어. 너에게 진심으로 용서를 (**빌려** / **빌어**)[2] 보려고 해. 지난번 너와 다투고 나서 괜한 자존심에 너를 미워하는 척했지만, 네가 다쳤다는 소식을 듣고 내 마음이 그게 아니라는 걸 알았어.

　이 편지를 (**빌려** / **빌어**)[3] 꼭 너에게 얘기해 주고 싶어. 나는 항상 너를 탓했지만, 돌이켜 보면 나도 잘못한 점이 많았던 것 같아. 정말 미안해. 친구로서 늘 너의 행복과 건강을 (**빌려** / **빌어**)[4] 주고 있을 테니, 얼른 나아야 해! 꼭 다시 보자. 부디 쾌유를 (**빌려** / **빌어**)[5].

정답은 책 맨 뒷장에

► 알맞은 말에 ◯표 하자.　　　**맞춤법 확인하기**　　　**31 ~ 35**

01

난 하나도 ┌ **안** ┐ 춥다.
　　　└ **않** ┘

02

난 하나도 춥지 ┌ **안** ┐ 다.
　　　　　　　└ **않** ┘

03

이자 ┌ **률** ┐ 이 낮아지고 있어.
　　 └ **율** ┘

04

출생 ┌ **률** ┐ 이 낮아지고 있어.
　　 └ **율** ┘

05

이 자리를 ┌ **빌려** ┐ 말할게.
　　　　　└ **빌어** ┘

06

너의 행복을 ┌ **빌려** ┐ 줄게.
　　　　　　└ **빌어** ┘

07

뵙게 ┌ **돼** ┐ 어서 영광입니다.
　　 └ **되** ┘

08

뵙게 ┌ **돼** ┐ 서 영광입니다.
　　 └ **되** ┘

09

저 산 ┌ **너머** ┐ 로 가자.
　　　└ **넘어** ┘

10

저 산을 ┌ **너머** ┐ 서 가자.
　　　　└ **넘어** ┘

▶ 다음 밑줄 친 말은 틀린 표현이다. 바르게 고쳐 쓰자.

01   운동을 하지 **안으면** 금방 지치기 쉽다.
→

02   언젠가 유명한 가수가 **되서** 큰 무대에 설 거야.
→

03   그 회사는 올해 높은 **수익율**을 달성했어.
→

04   큰 구렁이가 담장을 **너머** 초가집에 들어왔습니다.
→

05   이 가게는 자리 **회전률**이 높은 편이다.
→

06   고인의 명복을 **빌려** 주도록 합시다.
→

07   저 높은 언덕 **넘어**에는 과연 무엇이 있을까?
→

08   오래 연락을 **않** 했더니 사이가 어색해져 버렸어.
→

09   이 아이스크림은 먹어도 **돼는** 건가요?
→

10   이 기회를 **빌어** 감사의 인사를 드리고 싶어요.
→

    정답 192쪽

36.

맞춤법, 잘 알고 있는지 퀴즈로 먼저 확인해 볼까?

대로 vs 데로

본 (**대로** / **데로**) 말해 줄래?

조용한 (**대로** / **데로**) 옮길래?

정답
▶

 뜻이 다른 말, 비슷한 발음 때문에 헷갈리지 말자!

'**대로**'는 '어떤 모양이나 상태와 같이' 등의 뜻이 있는 말이야. '시키는 대로 하다'와 같이 활용할 수 있어.

'**데로**'는 장소를 나타내는 말인 '데'에, 방향이나 경로 등을 나타내는 조사 '로'가 붙은 말이야. '엉뚱한 데로 가다'와 같이 활용할 수 있어.

정답

▶

본 대로 말해 줄래?

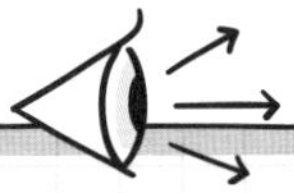

└→ 문맥상 '본 **상태와 같이** 말해 달라'는 의미이므로, '**대로**'로 적어.

대로: 어떤 모양이나 상태와 같이.

▶ 알맞은 말에 ○표 하자.

흘러가는 | **대로** | **데로** | 놔두자.

▶ 배운 말을 바르게 쓰고, 틀린 말은 고쳐 쓰자.

하던 [ ] **로**

듣던 [ ] **로**

예상했던 **데로** 괜찮았어.

└→ [ ] [ ]

▶ 배운 말을 포함하여 바른 문장을 만들어 보자.

대로 →

조용한 **데로** 옮길래?

└→ 문맥상 '조용한 **장소로** 옮기자'는
의미이므로, '**데로**'로 적어.

데: '곳'이나 '장소'의 뜻을 나타내는 말.
로: 움직임의 방향을 나타내는 말.

▶ 알맞은 말에 ○표 하자.

다른　| **대로** | **데로** |　새지 말고 집에 와.

▶ 배운 말을 바르게 쓰고, 틀린 말은 고쳐 쓰자.

따듯한 [　] **로**

안전한 [　] **로**

공기 좋은 **대로** 가자.

└→ [　][　]

▶ 배운 말을 포함하여 바른 문장을 만들어 보자.

데로 →

▶ 다음 글을 읽고, 알맞은 말에 ○표 하자.

  태민이는 최근 자전거를 타다가 다리를 다쳤다. 자전거를 탈 때에는 다른 (**대로** / **데로**)[1] 새지 말고 안전한 (**대로** / **데로**)[2] 다니라던 부모님 말씀을 잊고, 비탈진 언덕길을 달리다 넘어진 것이다.

  처음엔 예상했던 (**대로** / **데로**)[3] 괜찮다고 생각했지만, 깁스를 하고 다니니 불편한 점이 너무 많았다. 방학이 되면 경치 좋은 (**대로** / **데로**)[4] 자전거 여행을 떠나려고 했는데, 그 계획도 물거품이 되었다. 하던 (**대로** / **데로**)[5] 안전하게 자전거를 탔으면 이런 일이 없었을 텐데, 태민이는 무척 후회스러웠다.

정답은 책 맨 뒷장에

37.

맞춤법, 잘 알고 있는지 퀴즈로 먼저 확인해 볼까?

로서 vs 로써

> 대화(**로서** / **로써**) 해결해 보자.

> 친구(**로서** / **로써**) 얘기해 보자.

정답 ▶

 뜻이 다른 말, 비슷한 발음 때문에 헷갈리지 말자!

'**로서**'는 지위나 자격 등을 나타내는 말로, '교사로서 할 말이 있다'와 같이 활용할 수 있어.

'**로써**'는 어떤 일의 수단이나 도구 등을 나타내는 말로, '인내로써 풀어야 한다'와 같이 활용할 수 있어.

171

▶

친구**로서** 얘기해 보자.

└→ 문맥상 '친구의 **자격으로** 얘기해 보자'는
의미이므로, '**로서**'로 적어.

(으)로서: 지위나 신분 또는 자격을 나타내는 말.

▶ 알맞은 말에 ○표 하자.

언니 | **로서** | **로써** | 가만두고 볼 순 없다.

▶ 배운 말을 바르게 쓰고, <u>틀린</u> 말은 고쳐 쓰자.

소비자 **로** ☐

담임으 **로** ☐

가족으**로써** 하는 말이야.

└→ ☐☐

▶ 배운 말을 포함하여 바른 문장을 만들어 보자.

(으)로서 →

대화**로써** 해결해 보자.

↳ 문맥상 '대화를 **수단으로** 해결해 보자'는
의미이므로, '**로써**'로 적어.

(으)로써: 어떤 일의 수단이나 도구를 나타내는 말.

▶ 알맞은 말에 ○표 하자.

말 | **로서** | **로써** | 천 냥 빚을 갚는다.

▶ 배운 말을 바르게 쓰고, 틀린 말은 고쳐 쓰자.

가입함으 **로** ☐

결정함으 **로** ☐

눈물**로서** 호소해도 소용없다.

↳ ☐ ☐

▶ 배운 말을 포함하여 바른 문장을 만들어 보자.

(으)로써 →

▶ 다음 글을 읽고, 알맞은 말에 ○표 하자.

　　동생들이 요즘 무척 사이가 좋지 않다. 언니(**로서** / **로써**)[1], 또 누나(**로서** / **로써**)[2] 한쪽 편만 들 수도 없는 노릇이고, 동생들 때문에 집안 분위기가 좋지 않아 나도 괜히 눈치가 보이기 시작했다. 말(**로서** / **로써**)[3] 천 냥 빚을 갚는다고 했는데, 화해는커녕 서로 못된 말만 주고받는 동생들을 보자니 한 가족(**으로서** / **으로써**)[4] 마음이 좋지 않았다. 어제는 둘째 동생의 마음을 조용히 떠봤는데, 막내가 자신에게 눈물(**로서** / **로써**)[5] 호소해도 절대 받아 주지 않을 거라며 씩씩거리기만 했다. 언제쯤 동생들이 화해할 수 있을까?

정답은 책 맨 뒷장에

38.

맞춤법, 잘 알고 있는지 퀴즈로 먼저 확인해 볼까?

-에요 vs -예요

얘는 내 동생이(**에요**/**예요**).

얘는 우리 강아지(**에요**/**예요**).

정답
▶

 뜻이 비슷한 말, 어법을 알면 보인다!

'**-에요**'는 '이다'의 '이-'나 '아니다'의 '아니-'에 붙어서 '책이에요', '책이 아니에요'와 같이 활용할 수 있어. '-이에요'는 받침이 있는 말 뒤에 사용돼.

'**-예요**'는 '-이에요'가 줄어든 말이야. 받침이 없는 말 뒤에서는 '-이에요'가 줄어든 '-예요'가 쓰여. '어디예요'와 같이 활용할 수 있어.

애는 내 동생이**에요**.

↳ **받침이 있는 체언**(명사, 대명사, 수사) **뒤**에는
'**-이에요**'를 쓰는데,
'동생'은 끝소리에 받침이 있는 말이야.
따라서 '**동생이에요**'로 적어.

-(이)에요: 설명이나 의문의 뜻을 나타내는 종결 표현.

▶ 알맞은 말에 ○표 하자.

이건 진우의 필통이 <kbd>에요</kbd> <kbd>예요</kbd> .

▶ 배운 말을 바르게 쓰고, <u>틀린</u> 말은 고쳐 쓰자.

학생이 ☐ **요** .

내 꿈이 ☐ **요** .

거짓말이**예요**.

↳ ☐ ☐

▶ 배운 말을 포함하여 바른 문장을 만들어 보자.

-에요 →

애는 우리 강아지**예요**.

└, **받침이 없는 체언 뒤**에는
'**-이에요**'가 줄어든 말인 '**-예요**'를 쓰는데,
'강아지'는 끝소리에 받침이 없는 말이야.
따라서 '**강아지예요**'로 적어.

-예요: '**-이에요**'가 줄어든 말.

▶ 알맞은 말에 ○표 하자.

제 취미는 그림 그리기 에요   예요 .

▶ 배운 말을 바르게 쓰고, 틀린 말은 고쳐 쓰자.

저 ⬚ **요** .

얼마 ⬚ **요** ?

꼭 꿈을 이룰 거**예요**.

└, ⬚

▶ 배운 말을 포함하여 바른 문장을 만들어 보자.

-예요 →

▶ 다음 글을 읽고, 알맞은 말에 ○표 하자.

　　할아버지, 그곳에선 잘 지내고 계시나요? 저(**에요** / **예요**)[1], 수현이. 오랜만에 이렇게 편지를 써요. 저는 이제 중학생이(**에요** / **예요**)[2]. 중학생이 되면서 많은 것이 바뀌었어요. 공부도 그렇지만, 새 취미도 생겼어요. 새로 생긴 취미는 그림 그리기(**에요** / **예요**)[3]. 어릴 땐 그림을 잘 못 그렸지만, 실력이 많이 늘었거든요.

　　참, 이제 게임 개발자가 되는 것이 제 꿈이(**에요** / **예요**)[4]! 아직 모르는 것이 많지만 열심히 노력해서 꼭 꿈을 이룰 거(**에요** / **예요**)[5]. 할아버지께 제가 만든 게임을 보여 드릴 수 있다면 좋을 텐데. 지켜보고 계실 거라고 믿어요.

정답은 책 맨 뒷장에

39.

맞춤법, 잘 알고 있는지 퀴즈로 먼저 확인해 볼까?

-대 vs -데

내일은 많이 춥(**대**/**데**).

어제는 많이 춥(**대**/**데**).

정답 ▶

 뜻이 다른 말, 비슷한 발음 때문에 헷갈리지 말자!

'**-대**'는 '-다고 해'가 줄어든 말로, 이미 알고 있거나 타인에게 들은 어떤 사실을 옮겨 전할 때 쓰이는 말이야. '그게 사실 이었대'와 같이 활용할 수 있어.

'**-데**'는 '-더라'와 비슷한 뜻을 가진 말로, 과거에 직접 경험한 사실을 현재에 옮겨 와서 말할 때 주로 쓰이는 말이야. '그림을 참 잘 그리데'와 같이 활용할 수 있어.

내일은 많이 춥**대**.

└, 문맥상 '내일은 많이 **춥다고 해**'라며
　어떤 사실을 옮겨 전하는 말이므로, '**춥대**'로 적어.

-대: '**-다고 해**'가 줄어든 말로, 이미 알고
　있거나 타인에게 들은 어떤 사실을 옮겨 전할 때
　쓰이는 말.

▶ 알맞은 말에 ○표 하자.

누가 그런 짓을 했 　대 　데 ?

▶ 배운 말을 바르게 쓰고, 틀린 말은 고쳐 쓰자.

비가 온 ☐ .　　　　　　다른 애들도 잘 지낸**데**.

숙제가 많 ☐ .　　　　　　　　　　　└→ ☐

▶ 배운 말을 포함하여 바른 문장을 만들어 보자.

-대 →

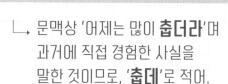

어제는 많이 춥데.

└ 문맥상 '어제는 많이 **춥더라**'며 과거에 직접 경험한 사실을 말한 것이므로, '**춥데**'로 적어.

-데: 과거에 직접 경험한 사실을 현재에 옮겨 와서 말할 때 주로 쓰이는 말.

▶ 알맞은 말에 ◯표 하자.

그 사람 노래를 참 잘하 | 대 | 데 |.

▶ 배운 말을 바르게 쓰고, <u>틀린</u> 말은 고쳐 쓰자.

딸이 둘이 [ ].

통 안 보이 [ ].

내가 기분이 이상하**대**.

└ [ ]

▶ 배운 말을 포함하여 바른 문장을 만들어 보자.

-데 →

▶ 다음 글을 읽고, 알맞은 말에 ○표 하자.

어제는 친척 결혼식에 다녀왔어. 결혼식장이 아주 크고 멋있더라. 참, 그리고 축가를 맡으신 분이 노래를 아주 잘하시(**대** / **데**)[1]. 꼭 진짜 가수 같았어!

너는 요즘 어때? 다른 애들도 잘 지낸(**대** / **데**)[2]? 주아는 SNS에서도 요즘 통 안 보이(**데** / **대**)[3]. 서희랑은 연락했는데, 서희는 요즘 학원 숙제가 너무 많(**대** / **데**)[4]. 그래서 방학인데도 아직 제대로 놀러 가지를 못했다더라고. 서울에 돌아가면 다 같이 영화라도 보러 갈까?

참, 내일은 비가 많이 온(**대** / **데**)[5]. 외출할 때 우산 꼭 챙기고, 또 연락하자!

정답은 책 맨 뒷장에

40. 맞춤법, 잘 알고 있는지 퀴즈로 먼저 확인해 볼까?

-던지 vs -든지

배가 고팠(**던지** / **든지**) 많이 먹더라.

하(**던지** / **든지**) 말(**던지** / **든지**) 해.

정답
▶

 뜻이 다른 말, 잘못 쓰이는 경우를 구별하자!

'**-던지**'는 막연한 의문이 있는 채로 그 것을 뒷말의 사실과 관련시키는 데 쓰이는 말이야. '얼마나 춥던지 손이 얼었다' 와 같이 활용할 수 있어.

'**-든지**'는 '나열된 것들 중에서 어느 것이든 선택될 수 있음' 등을 나타내는 말로, '배든지 감이든지 좋다'와 같이 활용할 수 있어.

배가 고팠**던지** 많이 먹더라.

└→ '배가 고팠는지'라며 막연한
의문이 있는 채 **뒷말**의 '많이 먹었다'는 **사실과
관련**시키고 있으므로, '**고팠던지**'로 적어.

-던지: 막연한 의문이 있는 채로 그것을 뒷말의
사실과 관련시키는 데 쓰이는 말.

▶ 알맞은 말에 ○표 하자.

얼마나 재미있 **던지** **든지** 시간 가는 줄 몰랐다.

▶ 배운 말을 바르게 쓰고, **틀린** 말은 고쳐 쓰자.

얼마나 덥 [ ] **지**

땀이 많이 났다.

많이 울었**든지** 눈이 빨갛다.

└→ [   ]

▶ 배운 말을 포함하여 바른 문장을 만들어 보자.

-던지 →

하**든지** 말**든지** 해.

└→ 문맥상 하든 하지 않든 둘 중
어느 것이든 선택될 수 있음을 나타낸 말이므로,
'**하든지 말든지**'로 적어.

-든지: 1. 나열된 것들 중 무엇이든 선택될 수 있음을 나타내는 말.
2. 무엇이 일어나도 뒤 내용이 성립하는 데 상관이 없음을
나타내는 말. (예: 어디 가든지 조심해.)

▶ 알맞은 말에 ○표 하자.

무엇을 하 | 던지 | 든지 | 최선을 다해라.

▶ 배운 말을 바르게 쓰고, 틀린 말은 고쳐 쓰자.

버스를 타 ☐ **지**

지하철을 타 ☐ **지**

좋**던지** 나쁘**던지** 해야 돼.

└→ ☐☐

▶ 배운 말을 포함하여 바른 문장을 만들어 보자.

-든지 →

▶ 다음 글을 읽고, 알맞은 말에 ○표 하자.

오랜만에 고모 댁에서 신나는 주말을 보냈다. 날씨는 얼마나 덥(**던지** / **든지**)[1], 밖에선 땀이 삐질삐질 나긴 했지만 시원한 실내에 들어오니 더위도 다 잊어버렸다.

나는 새로 산 게임기로 사촌 형과 게임을 했는데, 어찌나 재미있(**던지** / **든지**)[2] 시간 가는 줄도 몰랐다. 처음엔 몇 판을 지는 바람에 의욕이 꺾였지만, 무엇을 하(**던지** / **든지**)[3] 최선을 다하자는 나의 좌우명을 떠올리며 열심히 노력한 끝에 형을 꽤 따라잡을 수 있었다. 결과가 좋(**던지** / **든지**)[4] 나쁘(**던지** / **든지**)[5] 끝까지 시도해 보는 태도가 중요한 것 같다. 다음엔 더 실력을 키워서 와야지!

정답은 책 맨 뒷장에

▶ 알맞은 말에 ◯표 하자.　　맞춤법 확인하기

01
내일은 많이 춥
| 대 |
| 데 |
.

02
어제는 많이 춥
| 대 |
| 데 |
.

03
친구
| 로서 |
| 로써 |
얘기해 보자.

04
대화
| 로서 |
| 로써 |
해결해 보자.

05
조용한
| 대로 |
| 데로 |
옮길래?

06
본
| 대로 |
| 데로 |
말해 줄래?

07
하
| 던지 |
| 든지 |
말
| 던지 |
| 든지 |
해.

08
배가 고팠
| 던지 |
| 든지 |
많이 먹더라.

09
얘는 우리 강아지
| 에요 |
| 예요 |
.

10
얘는 내 동생이
| 에요 |
| 예요 |
.

01 한복이 얼마나 **곱든지** 눈을 뗄 수가 없었어.
→

02 바다에서 너무 깊은 **대로** 들어가면 위험해.
→

03 너의 가장 친한 **친구로써** 한마디 해도 될까?
→

04 이러다가 꼼짝없이 당하고 말 **거에요**.
→

05 누나, 내일 할아버지께서 우리 집에 **오신데**.
→

06 부담 갖지 말고 하던 **데로** 하면 된다.
→

07 **어디서던지** 다음에 만나기만 하면 가만두지 않겠어!
→

08 저기 보이는 아파트가 우리 **집이예요**.
→

09 그는 **농담으로서** 적당히 분위기를 풀 줄 안다.
→

10 내가 지난주 제주도에 다녀왔는데, 경치가 참 **좋대**.
→

정답

31쪽

1 떡에 고물을 (무치자 **묻히자**).

2 시금치를 (**무치자** 묻히자).

3 신발 끈을 (**매자** 메자).

4 책가방을 (매자 **메자**).

5 택배를 (**부쳤어** 붙였어).

6 테이프로 (부쳤어 **붙였어**).

7 문제를 (맞춰 **맞혀**) 봐.

8 알람을 (**맞춰** 맞혀) 봐.

9 무덤에 꽃을 (**바쳐라** 받쳐라).

10 쟁반에 컵을 (바쳐라 **받쳐라**).

32쪽

1 그때 그는 커다란 짐을 어깨에 **메고** 있었다.

2 붓에 파란색 페인트를 듬뿍 **묻히세요**.

3 빵이 타지 않도록 타이머를 정확히 **맞춰야** 해.

4 내가 사다리를 **받쳐** 줄 테니 천천히 올라가 봐.

5 퀴즈를 낼 테니 네가 한번 **맞혀** 볼래?

6 승연이가 영국에서 우석이에게 엽서를 **부쳤다**.

7 유관순 열사는 조국의 독립을 위해 목숨을 **바쳤다**.

8 풀어지지 않게 매듭을 꽉 **매야** 해.

9 오늘 저녁에는 콩나물을 **무쳐** 먹자.

10 민희가 스티커를 **붙여서** 휴대폰 케이스를 꾸몄다.

53쪽

1 너의 꿈을 (**좇아** 쫓아)!

2 저 도둑을 (좇아 **쫓아**)!

3 눈이 파란색을 (**띄네** 띠네).

4 모자가 눈에 (**띄네** 띠네).

5 사진의 빛이 (바랐어 **바랬어**).

6 네가 잘되길 (**바랐어** 바랬어).

7 감자를 조금 (**조렸어** 졸였어).

8 국물을 조금 (조렸어 **졸였어**).

9 셔츠를 (**다려야지** 달여야지).

10 보약을 (다려야지 **달여야지**).

54쪽

1 네가 꼭 시험에 합격하길 **바라**.

2 가을이 되자 보랏빛을 **띤** 코스모스가 피었다.

3 몸이 좋지 않으니 한약을 **달여** 먹어야겠어.

4 스웨터가 햇볕을 받아 흐릿하게 색이 **바랬다**.

5 국물을 너무 오래 **졸였더니** 짜서 못 먹겠어.

6 그 사람은 돈과 권력만을 **좇아** 살아왔어.

7 섣불리 눈에 **띄지** 않도록 행동을 조심해라.

8 생신을 믹고 싶은데 고등 어틸 **조려** 머을까?

9 준호가 졸음을 **쫓으려고** 찬물을 마셨다.

10 **다리지** 않은 블라우스에 구김이 잔뜩 가 있다.

75쪽

1 양념이 잘 (**배었어** 베었어).

2 산소의 풀을 (배었어 **베었어**).

3 개가 낙엽을 (해친다 **헤친다**).

4 편식은 건강을 (**해친다** 헤친다).

5 여기 리본을 (묶을까 **묶을까**)?

6 호텔에 며칠 (**묵을까** 묶을까)?

7 떨어진 동전을 (**집었어** 짚었어).

8 손으로 바닥을 (집었어 **짚었어**).

9 제비가 알을 (나았네 **낳았네**).

10 감기가 빨리 (**나았네** 낳았네).

76쪽

1 네 앞에 있는 고기 한 점만 **집어** 줄래?

2 힘을 합치면 이 어려움을 **헤쳐** 나갈 수 있어.

3 없는 살림에 자식을 **낳고** 기르느라 고생을 많이 했다.

4 이 농기구는 잡초를 **베는** 데 사용돼.

5 제주도에서는 며칠 동안 **묵을** 계획인가요?

6 단것을 많이 먹으면 건강을 **해치기** 쉽다.

7 소희가 물기가 **밴** 손을 탁탁 털었다.

8 오늘은 푹 쉬고 몸살도 얼른 **낫길** 바랄게.

9 끈으로 선물 상자 **묶는** 것 좀 도와줄 수 있어?

10 그가 난간을 **짚고** 위태롭게 서 있었다.

97쪽

1 다리가 너무 (**저려** 절여).

2 배추를 소금에 (저려 **절여**).

3 지붕에 눈이 (싸여 **쌓여**) 있어.

4 꽃이 종이에 (**싸여** 쌓여) 있어.

5 바짓단을 더 (**늘리자** 늘이자).

6 모집 인원을 (**늘리자** 늘이자).

7 피부가 너무 (당기네 **땅기네**).

8 요즘 피자가 (**당기네** 땅기네).

9 네 정체를 (**드러내** 들어내)!

10 짐을 당장 (드러내 **들어내**)!

98쪽

1 그 사람이 드디어 본색을 **드러냈네**.

2 토마토를 설탕에 **절여** 먹으면 아주 맛있어.

3 은서는 깊은 슬픔에 **싸여** 아무 말도 하지 못했다.

4 ○○ 백화점이 주차장 직원 수를 **늘리기로** 결정했대.

5 요즘 부쩍 삼겹살이 **당기는데**, 같이 먹으러 갈래?

6 형준이가 고무줄을 길게 **늘였다가** 놓았다.

7 놀부네 곳간에 쌀가마니가 가득 **쌓였어요**.

8 창고에서 쓰지 않는 물건들을 **들어냈다**.

9 요즘 나는 피부가 건조해서 얼굴이 너무 **땅겨**.

10 쭈그리고 앉아 있었더니 다리가 **저린다**.

121쪽

1 눈 감은 (채 **체**)를 하네.

2 눈 감은 (**채** 체) 누워 있어.

3 여권은 (**갱신** 경신)했니?

4 최고 기록을 (갱신 **경신**)했니?

5 서류는 (**결재** 결제)했나요?

6 요금은 (결재 **결제**)했나요?

7 외계인이 (출연 **출현**)했어.

8 나 영화에 (**출연** 출현)했어.

9 장미꽃의 (**봉오리** 봉우리)야.

10 아주 높은 (봉오리 **봉우리**)야.

122쪽

1 아는 것이라도 너무 잘난 **체**를 하지 마라.

2 하늘에 미확인 비행 물체가 **출현**했습니다.

3 저 산**봉우리**까지 올라가는 것이 내 목표야.

4 어머니께서는 신용 카드로 병원비를 **결제**하셨다.

5 나는 소파에 누운 **채** TV를 보는 중이었어.

6 그 선수가 드디어 마라톤 세계 기록을 **경신**했다.

7 사과꽃이 귀여운 **봉오리**를 맺었네.

8 그는 첫 **출연** 작품에서 중요한 역할을 맡았다.

9 여권을 **갱신**하려면 구청을 방문해야 해.

10 이제 회의는 끝났고 **결재**만 받으면 된다.

143쪽

1 시간이 (**한참** 한창) 걸렸다.

2 여름이 (한참 **한창**)이었다.

3 유명한 말썽(장이 **쟁이**)래.

4 유명한 가구(**장이** 쟁이)래.

5 나는 (**반드시** 반듯이) 성공해야 해.

6 나는 (반드시 **반듯이**) 누워 있었어.

7 집에서 더 (이따가 **있다가**) 갈게.

8 지금 바쁘니 (**이따가** 있다가) 갈게.

9 그는 (**지그시** 지긋이) 눈을 감았다.

10 그는 (지그시 **지긋이**) 나이 들었다.

144쪽

1 혹시 **이따가** 또 통화할 수 있을까?

2 우리 삼촌은 솜씨 좋은 **간판장이**이시다.

3 약속 시간이 **한참** 지났는데 아무 연락이 없어.

4 그는 부스스한 머리를 **반듯이** 빗어 넘기고 나타났다.

5 **거짓말쟁이**는 결국 외톨이가 되기 마련이야.

6 현이가 입술을 **지그시** 깨물고 화를 참았다.

7 계속 집에만 **있다가** 밖에 나오니 몸이 뻐근하네.

8 봄이 오자 뒤뜰엔 진달래가 **한창**입니다.

9 나이가 **지긋이** 든 노인이 지팡이를 짚고 서 계셨다.

10 자신이 한 말에는 **반드시** 책임을 져야 해.

165쪽

1. 난 하나도 ((안) / 않) 춥다.
2. 난 하나도 춥지 (안 / (않))다.
3. 이자(률 / (율))이 낮아지고 있어.
4. 출생((률) / 율)이 낮아지고 있어.
5. 이 자리를 ((빌려) / 빌어) 말할게.
6. 너의 행복을 (빌려 / (빌어)) 줄게.
7. 뵙게 ((돼) / 되)어서 영광입니다.
8. 뵙게 (돼 / (되))서 영광입니다.
9. 저 산 ((너머) / 넘어)로 가자.
10. 저 산을 (너머 / (넘어))서 가자.

166쪽

1. 운동을 하지 **않으면** 금방 지치기 쉽다.
2. 언젠가 유명한 가수가 **돼서** 큰 무대에 설 거야.
3. 그 회사는 올해 높은 **수익률**을 달성했어.
4. 큰 구렁이가 담장을 **넘어** 초가집에 들어왔습니다.
5. 이 가게는 자리 **회전율**이 높은 편이다.
6. 고인의 명복을 **빌어** 주도록 합시다.
7. 저 높은 언덕 **너머**에는 과연 무엇이 있을까?
8. 오래 연락을 **안** 했더니 사이가 어색해져 버렸어.
9. 이 아이스크림은 먹어도 **되는** 건가요?
10. 이 기회를 **빌려** 감사의 인사를 드리고 싶어요.

187쪽

1. 내일은 많이 춥((대) / 데).
2. 어제는 많이 춥(대 / (데)).
3. 친구((로서) / 로써) 얘기해 보자.
4. 대화(로서 / (로써)) 해결해 보자.
5. 조용한 (대로 / (데로)) 옮길래?
6. 본 ((대로) / 데로) 말해 줄래?
7. 하(던지 / (든지)) 말(던지 / (든지)) 해.
8. 배가 고팠((던지) / 든지) 많이 먹더라.
9. 애는 우리 강아지(에요 / (예요)).
10. 애는 내 동생이((에요) / 예요).

188쪽

1. 한복이 얼마나 **곱던지** 눈을 뗄 수가 없었어.
2. 바다에서 너무 깊은 **데로** 들어가면 위험해.
3. 너의 가장 친한 **친구로서** 한마디 해도 될까?
4. 이러다가 꼼짝없이 당하고 말 **거예요.**
5. 누나, 내일 할아버지께서 우리 집에 **오신대.**
6. 부담 갖지 말고 하던 **대로** 하면 된다.
7. **어디서든지** 다음에 만나기만 하면 가만두지 않겠어!
8. 저기 보이는 아파트가 우리 **집이에요.**
9. 그는 **농담으로써** 적당히 분위기를 풀 줄 안다.
10. 내가 지난주 제주도에 다녀왔는데, 경치가 참 **좋데.**